100 QUESTIONS & ANSWERS ABOUT THE BELT AND ROAD INITIATIVE

“一带一路”一百问

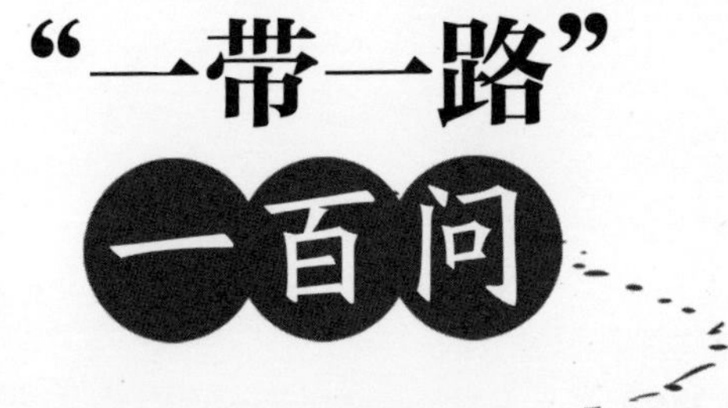

主编 秦玉才 周谷平 罗卫东

《“一带一路”一百问》编写委员会

主　编　　秦玉才　周谷平　罗卫东

编　者（按姓氏拼音顺序排列）

陈　锋　陈航宇　陈　健　陈奕洁　程心怡

池若楠　董雪兵　高淑琴　胡　铭　黄先海

阚　阅　赖普清　刘进宝　马庆凯　吴宗杰

杨高举　俞　盼　曾旭达　赵　骏　朱西湖

序　言

2013年9月和10月，国家主席习近平在出访中亚和东南亚期间，先后提出共建“丝绸之路经济带”和“21世纪海上丝绸之路”（以下简称“一带一路”）的重大倡议，得到国际社会高度关注。推进“一带一路”建设，是党中央、国务院根据全球形势深刻变化，统筹国际国内两个大局做出的重大战略决策，对于构建开放型经济新体制，形成东中西互济、海陆统筹的全方位对外开放新格局，对于实现“两个一百年”奋斗目标，实现中华民族伟大复兴的中国梦，促进世界繁荣发展与和平稳定，具有重大而深远的意义。

按照中央部署，国家发展改革委、外交部、商务部等有关部门，组织开展了“一带一路”建设战略规划的研究与编制工作。经多次调研、起草和征求意见工作，不断修改完善，2015年3月，经国务院同意，由国家发展改革委、外交部、商务部联合发布了《推动共建丝绸之路经济带和21世纪海上丝绸之路的愿景与行动》(以下简称《愿景与行动》)，阐述了“一带一路”倡议的时代背景、共建原则、框架思路、合作重点、合作机制、中国各地方开放态势和中国政府为之做出的积极行动，号召共创美好未来。《愿景与行动》一经发布，便得到了沿线各国和国际组织的积极响应，各项务实合作稳步推进。

为向广大读者解读“一带一路”相关知识，广泛传播“一带一路”的丰富内涵与深远意义，在国务院有关部门指导下，浙江大学“一带一路”合作与发展协同创新中心编辑了《“一带一路”读本》和《“一带一路”一百问》。《“一带一路”读本》以全面系统、深入浅出地分析解读《愿景与行动》为基础，融历史文化、新闻知识、专业分析为一体，由古及今、综观全球，用宏观视野深度分析“一带一路”对中国未来发展及其在国际产生的深远影响，使读者对“一带一路”的认识和把握更加精准。《“一带一路”一百问》是“一带一路”知识普及读本，采用一问一答的形式，从百姓关心话题、时事政经热点出发，介绍“一带一路”国内外相关合作组织、相关行业信息等背景知识，分析“一带一路”带给相关行业的机遇和对百姓日常生活的影响，解答普通读者关心的现实问题。

在成书过程中，由众多领域专家组成的编写团队，充分发挥了浙江大学“一带一路”合作与发展协同创新中心学科交叉融合的优势，通过脚踏实地的研究和精益求精的编撰，呈现出这样一部内外统筹、集思广益、凝聚各方成果的作品。

“一带一路”建设是一项长期的系统工程，是未来几十年甚至更长时间国家层面的大战略，必将影响深远。以此书为引，“一带一路”承载四海宾朋愿景，筑梦民族伟大复兴，为世界和平稳定繁荣做出新的贡献！

欧晓理

2015年8月25日

目录

引　言

第一章 战略构想

第二章 历史回顾

第四章 时代背景

第五章 框架思路

第六章 合作领域

第七章 机制平台

第八章 各地优势

第九章 合作成效

第十章 愿景展望

引　言

Q 1. “一带一路”的概念是什么?

2013年9月和10月，习近平总书记在出访中亚和东南亚国家期间，先后提出共建“丝绸之路经济带”和“21世纪海上丝绸之路”的重大倡议，得到国际社会高度关注和有关国家积极响应。推进“丝绸之路经济带”和“21世纪海上丝绸之路”（简称“一带一路”）建设，是党中央、国务院根据全球形势变化，统筹国际国内两个大局做出的重大战略决策，实质是借用古代丝绸之路的历史符号，以和平发展、合作共赢为时代主题，积极主动地发展与沿线国家的经济合作伙伴关系，共同打造政治互信、经济融合、文化包容的利益共同体、命运共同体和责任共同体，对开创我国全方位对外开放新格局，推进中华民族伟大复兴进程，促进世界和平发展，都具有划时代的重大意义。

2. “丝绸之路”的概念最早是什么时候、由谁提出的？

“丝绸之路”一词，最早由19世纪70年代德国地理学家、地质学家费迪南·冯·李希霍芬（Fendinand von Richthofen）在《中国——亲身旅行和据此所作研究的成果》中提出，并因瑞典探险家斯文·赫定（Sven Hedin）于1936年出版的《丝绸之路》一书而广为流传。

3. 丝绸之路的精神是什么？

丝绸之路是友谊、交流和共荣之路。纵观历史上丝绸之路的发展轨迹和千年之间的演变，尽管沉浮多变，但绵延不衰，为中西方做出了巨大的历史贡献。首先，丝绸之路繁荣了中西方的贸易和商业往来，在相互交换的过程中极大地推动了中西方物质的繁荣，推动了财富、资源和人员的流动。其次，丝绸之路促进了沿线各民族之间的稳定，由于各民族之间经贸往来频繁，产生文化交流的同时带来相互理解，各族之间没有爆发较大规模的冲突战争，取而代之的是民族之间的融合发展。最后，丝绸之路不仅仅是一条经贸之路，更是一条文化之路，各类文明汇聚此道，以其包容开放的精神，发展了世界文化的多样性，搭建了世界文化沟通交流的平台。

Q 4. 丝绸之路精神的时代内涵是什么？

中国国家主席习近平在出席中阿合作论坛第六届部长级会议开幕式上的讲话中指出，需要弘扬“和平合作、开放包容、互学互鉴、互利共赢”的丝绸之路精神。这一重要论述为丝绸之路精神赋予了新的时代内涵，指明了弘扬丝绸之路精神的新目标和新路径。

5. 如何理解“和平合作、开放包容、互学互鉴、互利共赢”精神？

和平合作，就是通过坦诚对话、深入沟通进行平等交流，不断深化不同国家和地区之间的交流合作，形成命运共同体、责任共同体，将政治关系优势、地缘毗邻优势、经济互补优势转化为务实合作优势、持续增长优势。开放包容，就是以世界眼光和战略思维兼收并蓄、博采众长。这是丝绸之路精神最显著的特征。弘扬开放包容的精神，不仅要“开眼看世界”，还要主动“走出去”融入世界，更要以海纳百川的精神承认不同地域、不同种族在文化习俗、发展道路等方面的不同选择，进而实现共同发展繁荣。互学互鉴，就是在尊重文明多样性、道路多样化和发展水平不平衡等差异的基础上相互学习、相互借鉴，取长补短、共同提高。互利共赢，就是不同种族、不同信仰、不同文化背景的国家和地区通过互惠合作，共同应对威胁和挑战，共同谋划利益和福祉，进而实现互惠互利的共赢发展。

6. 加快“一带一路”建设有什么重要意义？

推进“一带一路”建设，是党中央、国务院根据全球形势深刻变化、统筹国际国内两个大局做出的重大战略决策，对于构建开放型经济新体制，形成东中西互济、海陆统筹的全方位对外开放新格局，对于实现“两个一百年”奋斗目标，实现中华民族伟大复兴的中国梦，具有重大而深远的意义。

加快“一带一路”建设，有利于促进沿线各国经济繁荣与区域经济合作，有利于加强不同文明交流互鉴，有利于促进世界和平发展，是一项造福世界各国人民的伟大事业。其重要意义具体体现在：中国将与沿线各国迈向利益共同体、命运共同体、责任共同体，开创更加美好的新未来；中国将推进与沿线各国互相对接发展战略，促进经济要素有序自由流动、资源高效配置和市场深度融合；中国将与沿线各国共同打造开放、包容、均衡、普惠的区域经济合作架构，探索国际合作及全球治理新模式；中国将与沿线各国共同应对国际政治、经济、军事等风险，顺应国际社会对我国在国际事务中发挥更大作用的新期待；中国将与沿线各国形成国际国内互动、互通、互补的跨国界大区域和次区域的新布局，产业新动力，合作发展新格局。

Q 7. “一带一路”建设是一项系统工程，应坚持什么原则?

“一带一路”建设是一项系统工程，要坚持共商、共建、共享原则，积极推进沿线国家发展战略的相互对接。

首先，“共商”原则，即在整个“一带一路”建设中充分尊重沿线国家对各自参与的合作事项的发言权。沿线各国无论大小、强弱、贫富，都是“一带一路”的平等参与者，都可以积极建言献策。“一带一路”不是中国一家的“独奏曲”，而是各国共同参与的“交响乐”。中方的倡议为各方实质性参与“一带一路”建设提供了基础，未来将通过双多边沟通磋商来寻求经济优势的互补和发展战略的对接，确保“一带一路”是共同决策、共同行动的成果。

其次，“共建”原则是指，鼓励沿线国家在参与商讨的基础上，引入资金、人才、技术等要素，增强自主发展能力。“共建”可以分散风险，增强利益绑定，形成合力，增强稳定因素。如创新政府和社会资本合作模式，吸纳东道国政府和民众参与，减少当地政治风险和社会风险；吸纳国际组织或第三方参与，降低双边关系波动带来的风险。

再次，“共享”原则是在“共商”和“共建”的基础上，共享“一带一路”建设带来的发展成果，助推沿线国家“共同体”共识的形成。

第一章 战略构想

Q 8. “丝绸之路经济带”是什么时候提出的?

2013年9月，中国国家主席习近平访问哈萨克斯坦共和国，在纳扎尔巴耶夫大学发表了题为《弘扬人民友谊，共创美好未来》的重要演讲。在演讲中，习近平主席指出：“为了使我们欧亚各国经济联系更加紧密、相互合作更加深入、发展空间更加广阔，我们可以用创新的合作模式，共同建设‘丝绸之路经济带’。这是一项造福沿途各国人民的大事业。”由此，中国建设“丝绸之路经济带”的战略构想被首次提出。

9. “21世纪海上丝绸之路”是什么时候提出的?

2013年10月3日，在印度尼西亚进行国事访问期间，习近平主席在印度尼西亚国会以阐述中国对进一步促进与印度尼西亚关系和中国—东盟关系发展的构想以及中国的发展理念为主题的演讲中提出：“东南亚地区自古以来就是‘海上丝绸之路’的重要枢纽，中国愿同东盟国家加强海上合作，使用好中国政府设立的中国—东盟海上合作基金，发展好海洋合作伙伴关系，共同建设21世纪海上丝绸之路。”

10. “一带一路”倡议是什么时候上升为国家重大战略的?

2013年11月，党的十八届三中全会通过了《中共中央关于全面深化改革若干重大问题的决定》，该《决定》指出，要加快同周边国家和区域基础设施互联互通建设，推进丝绸之路经济带、海上丝绸之路经济带的建设，形成全方位开放性格局。至此，“一带一路”倡议上升为我国对外开放的重大战略。

11. 提出“一带一路”战略的背景是什么？

首先，在国际贸易投资领域，出现竞争加剧的新趋势，特别是超大区域贸易协定，将成为国际贸易投资化的主要形式，如美国主导的TPP、TTIP等新贸易战略，其涵盖的内容与自由化水平都远高于WTO框架。因此，这要求我国加快推进区域双边、多边贸易投资自由化，不断提升我国在世界贸易规则制定及完善中的话语权。

其次，全球能源版图出现重心转移和新调整，特别是美国页岩气革命后，对中东石油战略基地的依赖程度下降。另外，世界能源市场供求关系也发生改变，中东能源基地的地位下降，这意味着为巩固能源需求，美国将腾出更多的力量，致力于重返亚洲。这对于中国来说，既增加了能源供应渠道，也增加了能源供应的风险与压力。所以，国际能源的新形势要求我们加快构架海陆能源安全通道，提升国家能源安全水平。

最后，要跨越中等收入陷阱，必须开拓海外空间。国家统计局发布的《2014年国民经济和社会发展统计公报》披露，中国目前的人均GDP是7575美元，属于中等收入经济体。同时，我国目前已经是世界第二大经济体，也是世界第一大货物贸易国、第一大外汇储备国。经济体存量之大，对我国新时期的“走出去”与“引进来”战略也提出了新的要求，要求我国在更大范围、更宽领域、更深层次上提高开放型经济水平，融入全球经济体系。

Q 12.《推动共建丝绸之路经济带和21世纪海上丝绸之路的愿景与行动》是什么时候公布的?

《推动共建丝绸之路经济带和21世纪海上丝绸之路的愿景与行动》（简称《愿景与行动》）是2015年3月28日，由国家发展改革委、外交部、商务部联合发布的。《愿景与行动》正式向外界系统地阐述了中国倡导的“一带一路”战略，通过与“一带一路”沿线各国和地区加强在政策、设施、贸易、资金和民心等方面的沟通，实现沿线各国多元、自主、平衡、可持续的发展。

13.《愿景与行动》的编制过程一共分为几个阶段?

《愿景与行动》编制过程总体上可以分为四个阶段：①前期调研和形成研究报告阶段。有关部门在前期研究中提高了对“一带一路”建设重要意义的认识，初步研究确定了战略走向和国别重点，细化了合作内容和重点领域，梳理了世界主要力量推动的各类“丝路”战略以及加强现有机制、平台和基金的整合。并以向各部门，包括中央单位、中央政策研究室等发函调研的形式，最终整理形成1个综合性报告和19个专题报告，专题报告涉及国别研究、建设领域、基础设施、产业等19个方面。②召开座谈会，听取各方意见。

国家发改委先后共召开18个座谈会，包括向对外领事馆、驻外企业等各方面听取意见建议。③获取相关部门及研究单位的研究成果。除国家发改委之外，中央政策研究室、国务院发展研究中心、中科院、中国咨询公司等同时展开研究，并提供研究成果。④审议和通过。2014年11月4日，习近平总书记主持召开中央财经领导小组第八次会议，研究丝绸之路经济带和21世纪海上丝绸之路规划。2015年3月28日，国家发展改革委、外交部、商务部正式对外公布《推动共建丝绸之路经济带和21世纪海上丝绸之路的愿景与行动》。

Q 14.《愿景与行动》一共包括几个部分？

《愿景与行动》包括前言、时代背景、共建原则、框架思路、合作重点、合作机制、中国各地方开放态势、中国积极行动以及共创美好未来九个部分。其中，“前言”主要介绍了“一带一路”战略的提出和《愿景与行动》的制定；“时代背景”主要从时代背景导出“一带一路”建设的重要意义；“共建原则”主要包括恪守联合国宪章的宗旨和原则、坚持开放合作、坚持和谐包容、坚持市场运作、坚持互利共赢等五大原则；“框架思路”主要包括“一带一路”战略走向和建设目标的阐述；“合作重点”包括政策沟通、设施联通、贸易畅通、资金融通、民心相通五个方面；“合作机制”主要指积极利用双边合作、多边合作、沿线各国区域和次区域相关国际论坛、展会以及博鳌亚洲论坛、中国—东盟博览会等多种合作方式，推动“一带一路”建设，促进区域合作蓬勃发展；“中国各地方开放态势”主要分西北和东北地区、西南地区、沿海和港澳台地区、内陆地区四个部分，分别介绍中国各地方的优势；“中国积极行动”主要从高层引领推动、签署合作框架、推动项目建设、完善政策措施、发挥平台作用五个方面介绍中国政府所采取的关于“一带一路”建设的积极政策；“共创美好未来”主要是对“一带一路”建设的途径、合作机制、原则和重要意义等方面进行强调和展望。

第二章 历史回顾

15. 何谓丝绸之路?

“丝绸之路”是指起始于古代中国长安，通过甘肃河西走廊和今天的新疆地区，连接亚洲、欧洲和非洲的古代商业贸易路线。这条中西间的交通路线就是一般所说的陆上丝绸之路。广义的“丝绸之路”又分为陆上丝绸之路和海上丝绸之路。

陆上丝绸之路是汉武帝派遣张骞出使西域后所形成的基本干道。它以西汉时期的首都长安为起点（东汉时为洛阳），经河西走廊到敦煌，再从敦煌出阳关和玉门关，分为南北两路：南道沿昆仑山北麓，经鄯善（若羌）、且末、于阗（和田）至莎车，穿越葱岭（帕米尔高原）可以进入大月氏、安息等国，往西可到达条支、大秦；北道沿天山南麓，经车师前王庭（吐鲁番）、焉耆、龟兹（库车），到达疏勒（喀什），然后越葱岭，进入大宛、康居、大夏等地。隋唐时期（581—907），由于中外经济文化交流的加强，在原丝绸之路北道之北又开发了一条新北道，即出敦煌至伊吾（哈密），再经蒲类（巴里坤）、铁勒部，渡今楚河、锡尔河而达西海（地中海），其在我国境内大致是沿着天山北麓而至中亚。

随着交流的发展和扩大，人们的认识在不断深化，“丝绸之路”的概念也在不断扩大。就交通的主要工具而言，有陆上丝绸之路（骆驼）和海上丝绸之路（船舶）之分；就交换的物品而言，有“玉石之路”“青铜之路”“茶叶之路”“瓷器之路”“绢帛之路”等；就交通的路线而言，除“沙漠之路”外，还有“草原之路”“唐蕃古道”“中印缅路”“交趾道”等。这些名称所说的交通路线，都是指广义的丝绸之路。

宋朝（960—1279）以前，陆上丝绸之路是我国对外交往的主要通道，其交通工具主要是骆驼和马匹。但牲畜的负载量有限，运输成本很高，尤其是沿途自然条件艰险，安全没有保障。因此，随着唐中叶以后中国政治和经济重心的逐渐南移，航海和造船技术的进步，指南针在航海中的运用，对外输出和进口的主要物品的变化，海路在中西交通中的作用日益重要，并逐渐取代陆路成为东西方之间交往的主要通道。因此，从宋代开始，我国对外交往的主要通道也就以海上丝绸之路为主了。

海上丝绸之路主要以南海为中心，北宋时期，广州、泉州、明州（宁波）、杭州、扬州都是对外贸易的重要口岸。为了加强对海外贸易的管理和征税，政府还在这些城市设置了市舶司。尤其是广州，作为宋元时期世界性的大港，也是最早设置市舶司的港口城市。

无论是陆上丝绸之路，还是海上丝绸之路，都是以丝绸贸易为主要媒介的，沟通欧、亚、非、美诸大陆的商业、文化交流之路。

16. 中国的丝绸是何时出现的？

丝绸的原料是蚕丝。早在远古时期，我们的祖先就开始驯养家蚕。家蚕成熟结茧时分泌的丝液凝固后就是“天然丝”。“天然丝”由丝纤维和包围其外的丝胶组成，未清除丝胶的称“生丝”，已经清除了丝胶的就称“熟丝”。

中国是丝绸的故乡，很早就有伏羲化蚕、神农耕桑等神话传说。比较流行的传说认为，黄帝元妃嫘祖“始教民育蚕，治丝茧以供衣服”，因此将其奉为蚕神。从考古发掘报告可知，早在新石器时代中期，黄河和长江流域的古代居民就开始饲养家蚕并缫丝织绢。仰韶文化半坡时代的陶器底部所打印的丝绸印迹，证明早在距今5000—3000年前，丝绸已经起源。

目前所知最早的蚕丝实物标本，出土于公元前4000多年前的浙江湖州钱山漾的良渚文化遗址中。在1956年和1958年对钱山漾遗址的两次发掘中，发现了绸片、丝带、丝线等一批尚未炭化的丝麻织物，经鉴定，这批丝织物距今已有4400年至4200年，是世界上迄今发现最早的家蚕丝织品。与此大体同时，在黄河流域的山西夏县西阴村和河南荥阳青台村的仰韶文化遗址中，也发现过家蚕和丝绸的遗迹。2015年6月，发现世界上最早绸片的中国湖州钱山漾文化遗址被正式命名为“世界丝绸之源”。

商代（前1600—前1046）时中国的丝织物已达到了很高的水平。商朝统治者将蚕桑生产与粮食种植相并重。由于丝绸的制作工艺复杂，在很长的一段时间内，它只是作为奢侈品由社会上层的王公贵族所享用，一般百姓只穿葛布或麻布，所以下层百姓又被称为“布衣”。丝绸织品一般为绢，在出土的商代丝织品痕迹中，已经有了我国古籍中所记载的“绮”，另外还有刺绣。由此可知，商代时我国的纺织技术已经达到了很高的水平。战国时期的丝织品中又出现了织锦，由于锦和绣都是珍贵的丝织品，因此就用成语“锦绣山河”来形容祖国的山河之美。

从文献记载可知，桑蚕丝绸业发展较早，在甲骨文中就有了桑、蚕、帛以及偏旁从丝的许许多多与丝有关的字，汉代许慎的《说文解字》收录了267个丝字旁的字。《尚书》《诗经》《左传》《仪礼》也有蚕、桑、蚕丝和丝织品的反映。《战国策》中还明确记载了罗、纨、绮、縠、锦、绣等丝织品种。

在前代丝织业发展的基础上，汉代的包括育蚕、织丝和织造等丝绸技术都有了更进一步的发展。由于育蚕技术的提高，汉代已经能获得纤细的优良蚕丝，同时还出现了平织的织机和提花机。汉代的丝织物总称“帛”“缯”或合称“帛缯”，生丝称“素”，熟丝称“练”，具体的丝织品也都有了各自的名称。其中最普通的是平织的“绢”，纨、缟、绡、纺、纱、縠等也属于绢类，比较贵重的是罗绮、锦等。丝织品的染色主要是植物染料，其颜色主要为红、黄、蓝、白、黑，另外还有紫、褐、绿等。

马王堆西汉墓出土的丝织品最能代表汉代的纺织工艺水平，墓中出土的百余件织物色彩斑斓，纹饰图案十分丰富，加工技法多样。其中的金银印花纱等，是我国目前发现最早的印花绢。

总之，从先秦以来，我国的丝织业就有了全面的发展，到了汉代，不论是养蚕、缫丝，还是织绸、染色，都达到了一个很高的发展水平。我们的祖先所发明的丝绸，是中国人民对世界物质文化和纺织技术的伟大贡献。在汉代以后的一个相当长的时期，中国都是全球唯一能生产丝绸的国家。

Q 17. 中国的丝绸是何时传到西方的?

中国的丝绸何时传入西方？这是一个很难具体回答的问题。从考古发现的资料来看，20世纪40年代，在位于南西伯利亚阿尔泰山北侧的巴泽雷克墓地出土了刺绣和织锦，墓地的时代大约在公元前500年至公元前100年之间；新疆托克逊阿拉沟墓地发现的菱纹罗等丝织物属于战国时期；20世纪初叶以来，在塔里木盆地的古代遗址中出土了汉代的各种丝绸；在原苏联克里米亚出土的汉绮，时代约在公元1世纪；在罗马帝国东方行省帕尔米拉（Palmyra，今叙利亚境内）和其本土意大利也发现了汉绮。由此说明在战国时期中国的丝绸已开始走向世界，而罗马的丝绸应该是通过欧亚草原传入欧洲的。

此外，学者们还根据“赛里斯”（Seres，意为“丝国”）的称呼来讨论丝绸西传的时间。一般认为，在公元前3世纪时中国的丝绸可能已经传到了大夏（即吐火罗，在今阿富汗北部）。当张骞通西域返回长安后（前126），丝绸不断运送到安息（在今伊朗境内）、大夏之时，罗马人也可能有机会接触到丝绸。公元前53年，古罗马执政官克拉苏率军与安息人在卡尔莱大战，在战争的紧急关头，安息人突然展开了色彩斑斓的丝绸军旗。这些锦绣军旗在正午的阳光下鲜艳夺目，使疲于应战的罗马军团眼花缭乱，阵脚大乱，最终惨败。一些西方学者认为，这些丝绸军旗就是罗马人见到的最早的丝绸织品。

卡尔莱战役后，丝绸很快就深入到罗马人的社会生活中，但罗马人获取丝绸的途径还很有限，因此丝绸在罗马与黄金等价，只有少数贵族妇女能穿上它相互炫耀。公元1世纪中叶，贵霜帝国崛起并战败安息，其领土西达咸海，罗

马可通过贵霜得到丝绸。公元3世纪初，安息和贵霜相继衰落，波斯萨珊王朝又兴起了。萨珊王朝由于地处东西交通的要冲，控制着陆路和海路的交通线，因而成为中国丝绸的贸易垄断中心，罗马只能通过萨珊王朝购买丝绸。

在公元3至4世纪时，罗马帝国的拜占庭、叙利亚、埃及是主要的纺织中心，罗马人最初只是将中国的素色丝绸拆散，再织成有本地特色的供上层社会使用的绫绮。后来波斯珊萨王朝也从事丝绸纺织，其中波斯锦还流传到了中国。

大约在公元5至6世纪，蚕种就传到了于阗，随后又相继传到了印度和波斯。由于蚕种外传，而地中海沿岸、波斯和中亚一些地区适合种桑养蚕，他们的养蚕业迅速发展，伴随而来的是繁荣的丝织业。到阿拉伯帝国时期，波斯已成为帕米尔以西最大的丝绸生产和销售国，同时也是继中国之后的世界第二个丝绸生产大国，中国在桑蚕丝绸方面的霸主地位开始动摇。

综上所述，不论是文献记载还是考古发现，都证明中国的丝绸从发明到走向世界，有着比较清晰的历史脉络，在很长的时段里，中国又是世界上唯一从事丝织手工业的国家，所以中国对人类物质文明的这一贡献，早就为世界所公认。

18. 张骞为什么要出使西域？

张骞出使西域，最直接的目的就是联络西域各部，对付匈奴。秦汉以前，匈奴就活跃于中国北方大漠，“随草畜牧而转移”。秦始皇曾派蒙恬北击匈奴，迫使其退往大漠以北。秦末汉初，中原战乱，匈奴冒顿单于统一匈奴、征服西域后，有了“控弦之士”30万，势力强盛。匈奴以西域作为军事上的据点和经济上的后盾，经常侵占汉朝的领土，骚扰和掠夺中原居民。西汉高祖刘邦曾率大军反击匈奴，被围困于白登山，脱险后，刘邦采取与匈奴“和亲”的办法，以谋求与匈奴的和平。由于西汉国库空虚，军力衰弱，再加上异姓王的心腹隐患，之后的文、景二帝也都沿用和亲政策以休养生息。然而匈奴仍不满足，不时出兵侵扰边界。同时匈奴还与西羌（居住地在今青海省）相接，不仅阻断了联络东西方的通道，还对汉王朝的西北地区形成包围之势，成为向西汉发动进攻的一只强有力的“右臂”。

公元前140年，汉武帝刘彻即位。此时的汉王朝经过60多年的休养生息，政权日益巩固，经济上也得到了长足的发展。雄才大略的汉武帝便决意向西挺进，开拓疆域，从根本上解除匈奴对汉朝的威胁。

西汉在与匈奴斗争的过程中认识到西域的重要性，积极谋求联络西域各部族，共同对付匈奴。当汉武帝听说西迁的大月氏与匈奴有巨仇，并有报复匈奴之意时，便想联合大月氏，共同夹击匈奴，于是募人出使西域，这就有了建元三年（前138）张骞的第一次出使西域。同时，汉朝国内经济的发展、商业的繁荣，在客观上也要求打通对西域贸易的商路。正是在这种背景下，汉武帝时期开通了联系中西交往的丝绸之路。

张骞第一次出使西域后，汉武帝派卫青、霍去病出兵河西，攻打匈奴，胜利后在河西走廊设置了酒泉、武威、张掖、敦煌四郡，并修筑了长城烽燧和玉门关、阳关。汉武帝决心把反击匈奴的战争进行到底，再次派张骞出使西域，以联络乌孙，共同对抗匈奴。元狩四年（前119），张骞带着300多名副使和随从，以及大量的金帛和牛羊等财富，顺利到达乌孙的赤谷城（今吉尔吉斯斯坦伊塞克湖东南）。

张骞到乌孙赤谷城后，因为乌孙内部一分为三，未能统一，加之离匈奴很近而又不了解汉朝，所以西汉想和乌孙结盟共同攻打匈奴的意愿，未能实现。但乌孙表示愿与汉朝建立密切的关系。当张骞返回时，乌孙派出使者数十人，随同张骞到长安向汉朝致谢。

张骞在赤谷城期间，还分派副使赴大宛、康居、月氏、大夏等国进行友好活动。这些副使先后完成了使命，并和各国使节一道回到长安，汉朝与西域之间的交通正式建立起来。

张骞两次出使西域，发现和考察了被匈奴中断和阻塞了的丝绸之路，使过去与西域诸国交通的传说和零散记载，得到了进一步的证实和订正，使人们大大增长了对丝绸之路的认识，并直接促进了中西物质文化的交流。

Q 19. 西域的含义与范围是什么?

西域是一个与历史有密切联系的地理名词。随着汉代对西部疆域了解的加深，“西域”一词的含义不断发展，其范围也不断扩大。一般来说，西域有广狭二义。广义的西域包括今天中国的新疆、中亚五国、阿富汗、伊朗、阿拉伯国家，以及更远的地方，甚至连印度、巴基斯坦、孟加拉国、尼泊尔、斯里兰卡、不丹、马尔代夫以及非洲东部的一些国家和地区，都包括在内。这从唐代玄奘的《大唐西域记》可得到证明。狭义的西域，就是指中国新疆一带。

“西域”一名，在《史记》中就已经出现了，即“匈奴西域王浑邪”，也就是指管辖匈奴西域地区的浑邪王。从汉匈之间的战争和当时匈奴的历史推测，这里所说的匈奴之西域，很可能就是河西地区，即今天甘肃河西走廊。据史籍文献记载，汉武帝元狩二年（前121）浑邪王降汉，在其地设置了武威、酒泉郡，后来又分置了张掖、敦煌郡，这就是著名的“河西四郡”，应当就是匈奴控制下西域的范围。

由此可知，《史记》中出现的“西域”，并不是一般所说的西域地区。后世所说的“西域”即今新疆南疆地区，在当时称为“西北国”，如《史记》说汉“初置酒泉郡以通西北国”。当张骞去世后，“骞所遣使通大夏之属者皆颇与其人俱来，于是西北国始通于汉矣”。“张骞通西域”，在当时称张骞通西北国。“通西域”是后来的说法。从现有史料可知，汉武帝以后，可能从汉宣帝任命郑吉为“西域都护”开始，才正式使用“西域”这个词。

在《汉书》《后汉书》中就有了《西域列传》，主要记述的是西域三十六国，也就是狭义的西域，其地理范围主要是今天新疆的南疆。因此，汉代的“西域”就是指今天新疆的南疆地区，也包括东疆的哈密和吐鲁番。而从玉门关、阳关（敦煌）到葱岭（帕米尔）正是今天所说的丝绸之路的中段，即我国的新疆地区。

后来很多正史中都有记载西域地区的篇章，或称《西域传》，或称《异域传》《西戎传》《西北诸国传》等，历代正史所叙述的西域地区，与汉代“西域”的含义并不完全相同，因为各代对西域的理解和地域范围的认识并不一致。从汉到唐，狭义的西域逐渐扩大，即汉代仅仅是指中国新疆的南疆和东疆的吐鲁番和哈密，唐代时已包括了今天新疆的大部分地区。清朝乾隆时，西域已被称作新疆，取“旧土新归”之义；嘉庆时，新疆一名已经完全代替了西域。

新旧《唐书》所记载的“西域”与《大唐西域记》中的一样，是广义的西域，其中就包括了天竺、波斯、大食等国。这与人们的地理眼光越来越扩大，中国与西域国家的关系越来越密切有关。

总的来说，西域是敦煌的玉门关、阳关以西地方的总称，以区别于玉门关、阳关以东的汉朝统治核心区域。

Q 20. 裴矩对丝绸之路有什么贡献？

裴矩（547—627）出自河东裴氏家族，一生历仕北齐、北周、隋朝与唐朝，因在隋炀帝大业年间经营西域而知名。他主持张掖互市期间，招引西域使臣、商人来到隋朝，繁荣了丝绸之路，密切了中西交往。

魏晋南北朝时期中原战乱，无暇西顾，西域地区主要处在突厥政权控制之下。隋仁寿年间，突厥启民可汗控制了漠北，并接受隋朝的册封，臣服隋朝。此后，隋炀帝便开始了对西域的经营活动。

隋炀帝时期，河西走廊中部的张掖是西域各国往来经商的国际贸易市场，大业三年（607），裴矩被派到张掖主持对外贸易。裴矩任职张掖期间，倾心结交西域各族官、商，了解各国自然地理、风俗物产等，撰写成《西域图记》三卷，上奏朝廷。该书最有价值之处是记录了当时中原通往西域的三条道路，即北道（又称新北道）、中道（汉代的北道）和南道。这是我国对丝绸之路通道最早、最系统的记载。中西交通的这三条道路皆从敦煌出发，然后经伊吾、高昌、鄯善而达中亚、欧洲。所以，他指出敦煌是丝绸之路的咽喉，伊吾、高昌、鄯善三地是西域的门户。书中还记述了西域各城郭、民族或部落的兴亡及其更迭情况，并将他们的服饰形仪和山川地理等绘制了图样。

裴矩奉命主持的张掖互市，主要任务是“引致西蕃”，进行招商活动。为了吸引西域诸国前来与中国贸易，他常常“于武威、张掖间往来以引致之”，并给予前来贸易的胡商尽可能多的商业利益，“令其转相讽谕”，以扩大隋朝的影响。大业五年（609），隋炀帝西巡河西之际，裴矩遣使游说高昌王麹伯雅与伊吾吐屯设等西域27国国王或使臣会聚张掖，以显示中原的强盛。同时，裴矩还特别注重以张掖为中转站，以厚利吸引西域各族使臣和商人到长安和洛阳进行交易。

裴矩对丝绸之路的另一贡献就是提出并实施开拓西域的策略，协助炀帝西征，从而使通往西域之路畅通无阻。早在上奏《西域图记》的时候，裴矩就提出联络西域各国，东西夹击吐谷浑和突厥的建议，这种“以胡制胡”的策略在隋朝经营西域的过程中得到应用。大业四年（608），裴矩游说铁勒部，让铁勒发兵攻打吐谷浑，导致吐谷浑大败，被迫南迁。随后隋军又大败吐谷浑，在其故地置西海、河源、鄯善、且末四郡，发兵驻守，大开屯田，使隋朝的统治区域扩展到今青海、南疆一带，中西交通的道路也更加畅通无阻。正是由于为丝绸之路的畅通做出了重要贡献，裴矩被后世誉为“交通中西，功比张骞”。

21. 法显、玄奘、义净等求法僧对丝绸之路的贡献有哪些?

在漫长而艰辛的丝绸之路上艰难跋涉，每个人都有自己的目的，使节们肩负着政治使命，商旅们怀揣着财富的梦想，还有一些人，是为了自己的信仰坚韧地前行，这就是中国西行求法的僧人。法显、玄奘和义净就是他们当中的杰出代表。

法显，东晋僧人。他于公元399年与道整等11人前往印度，西行求法，前后历时13年多，从印度取得经律。玄奘，唐代僧人。他于唐太宗贞观元年（627）西行印度求取佛经，历时17年，在贞观十九年（645）正月回到长安。义净，唐代僧人。他于唐高宗咸亨二年（671）从广州取海路到达印度，游历30余国，用时20余年，到武则天证圣元年（695）回到洛阳。

以法显、玄奘、义净为代表的佛教僧侣西行求法，既为佛教的兴盛、发展做出了贡献，又是中西交往的见证者和践行者。

首先，求法僧们促进了中西交通的发达。法显、玄奘、义净等人的西行，成就超过了前代的旅行家。如法显西行所到之处，乃“汉之张骞、甘英皆不至”者——葱岭以西的广大地区，史书记载都比较含糊，难辨真假，法显亲身所到，了解其社会、自然状况，并撰写成《佛国记》（又名《法显传》），给后世留下了真实的记载。法显、玄奘等人也为后世西行求法树立了榜样，引发了唐代西行求法的高潮。据义净《大唐西域求法高僧传》记载，在唐玄奘回国之后，受其感召，西行求法的中国僧人就有44人之多。

其次，求法僧们促进了中西文化的交流。法显、玄奘、义净等人西行求法与前代使臣、商旅西行不同，他们在印度等地往往逗留多年，潜心研究佛法，使中西文化得到交流。如玄奘在当时的世界佛学中心摩揭陀国的那烂陀寺学习5年，并接受戒日王的邀请，在首都曲女城召集大会，登坛说法。由于其高深的佛学造诣，玄奘得到当时西域及印度百余国的敬重，戒日王还在会晤玄奘之后，特派使臣到中国朝贡。另一方面，他们在异域多年，将自己的所见所闻记录下来，法显的《佛国记》、玄奘的《大唐西域记》、义净的《南海寄归内法传》等书，都将自己经过地区的风土人情、社会经济、自然状况介绍到中国，促进了中国对西域各国、中亚地区和南亚次大陆的了解。如义净记述的有关南海、东南亚各地的情况，就是关于南海各地最早的历史地理材料，为各国研究相关历史、地理和外交者所重视。另外印度早期的佛教寺院大多已经毁坏而不存在了，只能根据法显《佛国记》和玄奘《大唐西域记》的有关记载进行复原。

再次，求法僧开辟了海上丝绸之路。法显是我国历史上从陆路西行、海路回国的第一人，也是第一个到达印度、斯里兰卡、印度尼西亚并横渡印度洋的，而斯里兰卡又是东西方海上航路的要冲。法显所撰《佛国记》记载了南亚、东南亚各国水文、气象情况及其航海的经历，使中国人的航海知识更为丰富，并提供了另一种交通手段。因此自法显西行之后，就开始有西行者从南洋海路来往，这对中国人认识海洋和海上交通的发展，有着重要的意义。后来义净的西行求法，就是在广州搭商船，沿海路到达印度的。

最后，求法僧们不怕艰险、舍身求法的精神，值得我们学习。在当时非常恶劣的自然环境和交通条件下，他们的生命常常受到威胁，如法显在经过塔克拉玛干沙漠时，“上无飞鸟，下无走兽，遍望极目，欲求度处，则莫知所拟，唯以死人枯骨为标识耳”。同行者11人，回来时只剩他一人了。到了唐朝，仍是如此。玄奘记述说：“沙则流漫，聚散随风，人行无迹，遂多迷路。四远茫茫，莫知所指，是以往来者聚遗骸以记之。”今天的交通、通信等各方面的条件比法显、玄奘时期好了许多许多，可以说不能同日而语了，但如何继承他们的精神，则是需要我们深思的。

22. 怛罗斯之战与丝绸之路有什么关系？

怛罗斯之战是唐玄宗天宝十载（751）唐朝与大食帝国（首都在今天的巴格达）的阿拔斯王朝在中亚发生的一场战役。唐与大食分别控制着丝绸之路的东西两端，长安与巴格达也是丝路上举世瞩目的国际都市。这场战役与丝绸之路有着密切的关系。

怛罗斯之战源于唐与大食在西域争夺丝绸之路的控制权。早在高宗时期，大食的使者就通过丝绸之路来到唐朝，此后往来频繁。怛罗斯之战以前，大食帝国倭马亚王朝就积极谋求向中亚扩张，中亚的呼罗珊、吐火罗斯坦等地都相继臣服于大食。公元750年，阿拔斯王朝建立，阿拉伯势力继续执行东扩战略，从而在中亚地区与唐朝势力相遇。

唐与大食的怛罗斯之战是因石国而起。石国位于今乌兹别克斯坦的塔什干。显庆三年（658），石国成为唐朝的属国，并一直受唐的册封。天宝九载（750），安西节度使高仙芝以石国无蕃臣礼，率兵讨之。石国向大食求援，唐军在怛罗斯（今哈萨克斯坦江布尔城）与大食军队相遇，最后唐军因葛罗禄部众倒戈而失败。虽然唐朝并没有因怛罗斯之战的失败而退出中亚，但却反映出唐朝在中亚的实力是有限的，不久之后由于唐朝内地发生安史之乱，唐朝的势力被限制在葱岭以东，吐蕃乘虚而入，阻断了唐朝与中亚之间的陆路交通。

怛罗斯之战促进了中西方的了解，导致中国的先进工艺沿着丝绸之路西传。阿拉伯军队俘虏了大批唐朝随军的造纸匠、画匠、纺织匠等，并将他们带回撒马尔罕（今乌兹别克斯坦塔什干附近），从而很快就在撒马尔罕出现了造纸工厂，随后巴格达也出现了造纸作坊与纸张经销商，之后逐渐扩展到大马士革、开罗，以及摩洛哥与西班牙的一些城市。可以说，正是由于怛罗斯之战，才有力地推动了中国造纸术的西传。高仙芝的随军书记官杜环在怛罗斯之战中被俘，因而有机会游历中东、非洲十余年，最终经海路回到中国，将其游历见闻写成《经行记》，记述了一些亚非国家的历史、地理、物产和风俗人情，也记载了被俘虏到阿拉伯地区的中国画匠的工作情况。

怛罗斯之战对丝绸之路沿线民族的宗教生活也产生了影响。西域各民族原本信奉佛教、祆教，或有着自己的传统宗教。但唐朝在怛罗斯的失败，导致了唐朝在中亚势力的全面退却。原来臣服于唐朝的中亚各属国，此后相继臣服大食，这对伊斯兰教在中亚的传播起了很大作用。

23. 三夷教是怎样传到中国的?

三夷教，是指隋唐时期的三大外来宗教，即景教、祆教和摩尼教。

“景教”是中国人对基督教“聂斯脱利派”的称呼。聂斯脱利是公元5世纪君士坦丁堡的一个大主教，公元431年，由于他的观点被定为异端，便被革职流放致死。从此以后，凡是同情和支持他的人都被称为“聂斯脱利派”。

源自叙利亚的景教，在唐太宗时期就从波斯传入中国，当时被称为波斯教、大秦教、景教等。但在17世纪以前，人们并不知道这一史实，直到明代天启年间（1621—1627），在西安西效（一说陕西盩厔，今周至）发现了《大秦景教流行中国碑》，才知道基督教的“聂斯脱利派”传教士在唐太宗贞观九年（635）来到了中国。《大秦景教流行中国碑》是唐德宗建中二年（781）建立的，它是景教传入中国最有力的物证。据碑文记载，唐太宗贞观九年大秦国大德（主教）阿罗本通过丝绸之路来到长安传教，唐太宗允许其译经、建寺、传教。

阿罗本来长安路过敦煌，敦煌出土的文书中就发现了汉文和叙利亚文的景教文献写本，归义军时期的官方账目上也有“波斯僧来”的记载。吐鲁番地区是西域景教的中心地区，有景教寺院，当地还出土了一些叙利亚文、粟特文、中古波斯文、回鹘突厥文所写的景教文献。

火袄教，简称袄教，也称拜火教，是波斯的琐罗亚斯德教传入中国后中国人对它的称谓。古代在波斯和阿拉伯的地下喷出一种气体，能点燃着火。那时，人们不理解这种奇怪的火，把它叫作“圣火”，琐罗亚斯德（前628—前551）

由此而创立了拜火教。

祆教是基督教诞生之前中东最有影响的宗教，曾经是中亚地区的共同宗教。5至6世纪时，康国、石国、安国、史国等均信奉祆教，唐初，天山南麓的于阗、疏勒、焉耆、高昌诸国开始改信祆教。当穆斯林统治波斯、占有中亚后，大批祆教教徒向东迁徙，并通过粟特人将祆教传入中国。

祆教在中国建有祆寺，其中长安、洛阳就有多处祆祠。唐政府在祠部专设管理祆教事务的萨宝府，在唐代的三夷教中，只有祆教的僧侣被列入职官编制。祆教信仰在中国境内的流传，基本上局限在波斯或西域等来华的商人之间，中国人信仰祆教者甚少。敦煌出土文献显示，到晚唐五代时期，祆教已经被纳入民间和官方祭祀系统，“赛祆”活动十分频繁。

摩尼教产生于公元3世纪的波斯，因创始人摩尼而得名。摩尼教产生时正是琐罗亚斯德教作为国教统治波斯的时期，摩尼教被看作是异端而遭到排斥，仅在波斯东部的民间秘密流布。由于在波斯境内遭受迫害，摩尼教遂向西发展，很快传到罗马帝国统治下的美索不达米亚地区，进入叙利亚、阿拉伯北部和埃及等地。

5至6世纪时，摩尼教传入粟特等中亚地区，6至7世纪传入我国新疆地区，复由新疆传入漠北回纥，并被定为回纥的国教。武则天延载元年（694），摩尼教拂多诞来到唐朝，得到武则天的认可，公开传教。安史之乱后，因回纥助唐平乱有功，摩尼教徒借回纥的支持，得以在华传教。但后来由于回纥国势衰微，摩尼教失去政治庇护。唐武宗会昌灭法时，摩尼教也受到了冲击，逐渐衰落。其后，摩尼教便转为民间宗教，明教即是摩尼东传的结果，曾影响到唐朝以后的多次农民起义。

以三夷教为代表的外来宗教，都是通过教士、商人信众等从陆上丝绸之路传到中国的，并在隋唐时期获得了较大发展。它的传播、发展体现了隋唐宽大怀柔的对外政策及其对外来宗教兼容并蓄的态度。

24. 蒙古西征对丝绸之路有什么影响？

从公元1219年至1260年的近半个世纪中，蒙古帝国在成吉思汗及其后继者的领导下，通过三次西征，形成了包括今天的东欧俄罗斯平原、伊朗高原、两河流域、中亚草原及东亚在内的蒙古帝国。客观地说，蒙古帝国在建立过程中有过血腥与杀戮，但这一过程对东西方文化的交流则起了巨大的作用，丝绸之路也在这一时期得到了恢复。

公元12世纪末至13世纪初，由于丝绸之路沿线国家的政治局面混乱，东西方交通受阻，使传统的陆上丝绸之路实际上已经中断。蒙古帝国的建立及其西征，促进了丝绸之路的复兴。蒙古帝国将欧亚大陆大部分地区置于一个王朝统治之下，以往建立在丝绸之路上的国家和政权都不复存在了，东西道路畅通无阻，加上蒙古帝国重视和保护商业贸易，欧亚大陆东西方的经济交流十分繁荣。发达的贸易使蒙古汗国的许多城市成为当时著名的国际化大都市。

蒙古统治者为了便于军事行动，进行统治和运输货物，在其征服地区广泛修建道路和桥梁，设立驿站，保护商路。13世纪上半叶，连接我国华北与西域的交通线大体为：中原北上，经漠北和林（今蒙古国哈尔和林），再趋金山，折而南下至别失八里（今新疆吉木萨尔），然后沿天山北麓抵阿力麻里（今新疆伊犁霍城县东北），由此可到塔剌思（即唐代的怛罗斯），再向西北可达欧洲，向西南则入波斯。在汗国初期，成吉思汗及其继任者就积极修整这条道路。随着帝国版图的奠定，四通八达的交通体系也渐渐形成。蒙古帝国把驿站延伸到西域，设置"驿骑""邮从"等，不仅保证了蒙古帝国内部政令通行，也促进了东西方经济文化的交流，恢复了宋朝以来基本中断的东西方国际陆路贸易。据史籍记载，铁木真长子术赤被封在钦察汗国，"其地极远，去京师数万里，驿骑急行二百余日方达京师"，可见元代邮驿系统自大都直达伏尔加河流域。

蒙古西征改变了西域地区的民族构成。西征的军队中有大量征发来的女真人、契丹人、汉人、畏兀儿人和西夏人，他们随着蒙古军队来到西域，有的凭借武力和权势，侵夺田产，聚敛财富，定居当地。由于蒙古人是马背上的民族，不善农耕和城镇管理，当他们占领新征服的地区后，就从随军而来的汉人、契丹人或西夏人中挑选最可靠的人来镇守。如征服阿姆河以北的富庶土地以后，就由契丹人耶律阿海、耶律绵思哥父子来镇守撒马尔罕城。此外还有大量普通百姓被强迫迁徙到西域。这样就使各民族人民在各地杂居，长此下去，自然改变了当地的民族结构。

蒙古西征也使中国的火药传入了欧洲。如在第三次西征中，元宪宗蒙哥还征集了1000多名中国的抛石机手、火炮手、弓弩手和大量武器，交由旭烈兀使用，从而使火药等武器传入了欧洲。

Q 25. 李希霍芬是在什么背景下提出“丝绸之路”的?

19世纪初，在以法、英为主的西方学术界，出现了一门新的学科——东方学。东方学是在西方殖民主义向东方侵略过程中逐渐形成、发展起来的。与其相关的丝绸之路，也正是在近代中亚探险的背景下由西方学者提出的，最初的研究者也主要是法、英、德等国的西方学者和日本学者，而第一部以《丝绸之路》命名的著作是瑞典探险家斯文·赫定于1936年出版的。

费迪南·冯·李希霍芬（1833—1905）是德国地理学家、地质学家，近代中国地学研究的先行者之一。伴随着近代国门的被打开，在西方列强的军事、经济势力渗入的同时，一大批传教士、考察家、探险家等以各种各样的名义深入中国考察、搜集情报，为列强侵华服务，李希霍芬就是其中的一员。他1856年毕业于柏林大学，获得博士学位，随后在奥地利和罗马尼亚进行地质研究。1860年到1862年，李希霍芬参与普鲁士政府组织的东亚考察团前往亚洲，考察团曾经到过亚洲的许多地方，如锡兰（斯里兰卡）、日本、印度尼西亚、菲律宾、暹罗（泰国）、缅甸等。虽然这次李希霍芬未能进入战乱中的中国，但对中国周边亚洲地区的调查，使他对中国的地理产生了浓厚兴趣。1868年，李希霍芬在美国加利福尼亚银行的资助下到中国考察，到达上海后受英国商会委托，对中国地貌和地理首次进行了综合考察，足迹遍布中国大部分地区。

李希霍芬在陕西考察后，还计划进入甘肃河西走廊和新疆考察，但由于政治的干扰（主要是陕甘回民起义和阿古柏入侵）未能实现。李希霍芬虽然未到甘肃、新疆等西北地区，但他在考察中提出了许多修建铁路的建议，其中就有沿古代丝绸之路修建铁路的计划：从自然条件以及商业的角度考虑，路线为西安府—兰州府—肃州—哈密，然后分成南北两路，分别经天山南麓和天山北麓进入中亚地区。

1872年返回德国后，李希霍芬出任柏林大学校长，当选为国际地理学会会长，致力于写作五卷本的《中国——亲身旅行和据此所作研究的成果》。在1877年出版的《中国》第一卷中，李希霍芬首次提出了“丝绸之路”的概念，其定义是：“从公元前114年到公元127年间，连接中国与河中（指中亚阿姆河与锡尔河之间），以及中国与印度，以丝绸贸易为媒介的西域交通路线。”同时，《中国》第一卷

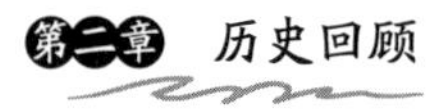

中李希霍芬绘制的大部分地图都是以塔里木盆地为中心的，其中有一幅总的“中亚地图”，此地图的文字说明是：“旨在说明公元前128年至公元150年间交通关系概况的中亚地图。费迪南·冯·李希霍芬绘制于1876年。”这幅“中亚地图”可以说就是最早的一幅丝绸之路地图。

虽然说“丝绸之路”是在东方学的背景下出现的，是在西方对东方占领背景下的产物，但不可否认，“丝绸之路”的提出或“丝路学”的研究，有着独到的科学价值，因而得到了学界的公认。

第三章 大国角逐

Q 26. 国际上有哪些与“一带一路”相似的战略或倡议？

目前国际上与“一带一路”相似的战略或倡议主要有美国“新丝绸之路”计划（美国的中亚、南亚政策的总称）、俄罗斯“欧亚经济联盟”（俄罗斯、白俄罗斯、哈萨克斯坦、亚美尼亚、塔吉克斯坦和吉尔吉斯斯坦六个原苏联国家为加深经济、政治合作而计划建立的一个超国家联盟）、欧盟“中亚伙伴关系”（欧盟与中亚间的伙伴关系）、日本“丝绸之路外交”（日本对中亚地区的外交政策）、土耳其“脱欧入亚”战略（土耳其重心由欧洲转向亚洲）、印度“西进战略”（印度与巴基斯坦以及中亚、西亚地区国家的关系）、联合国“丝绸之路倡议”（由联合国发起的，旨在促进丝绸之路沿线国家和地区在贸易、投资、旅游、文化等领域的交流与合作）。

除上述战略或倡议之外，“一带一路”沿线区域的合作机制还包括以下自由贸易区以及次区域合作计划：东南亚国家联盟（ASEAN，包括文莱、柬埔寨、印度尼西亚、老挝、马来西亚、缅甸、菲律宾、新加坡、泰国、越南在内的政治、经济、安全一体化合作组织）、孟加拉湾多部门技术经济合作计划（BIMSTEC，包括孟加拉国、印度、缅甸、斯里兰卡、泰国、不丹、尼泊尔在内的自由贸易区）、中亚区域经济合作（CAREC，包括阿富汗、阿塞拜疆、中国、哈萨克斯坦、吉尔吉斯斯坦、蒙古国、巴基斯坦、塔吉克斯坦、土库曼斯坦、乌兹别克斯坦在内的非正式论坛）、南亚区域合作联盟（SAARC，包括阿富汗、孟加拉国、不丹、印度、马尔代夫、尼泊尔、巴基斯坦、斯里兰卡在内的自由贸易区）等。

“一带一路”沿线区域在谈的合作机制还包括跨大西洋贸易与投资伙伴协议（TTIP，可能包括美国、欧盟、日本等国家或区域）、跨太平洋伙伴关系协定（TPP，可能包括新加坡、文莱、智利、新西兰、美国、澳大利亚、秘鲁、越南、马来西亚、加拿大、墨西哥、日本、韩国13个国家）和区域全面经济伙伴关系（RCEP，包括东盟十国、中国、日本、韩国、澳大利亚、新西兰、印度在内的自由贸易区）。

27. 何为“新丝绸之路”计划？

2011年10月，美国国务院向美国驻有关国家大使馆发出电报，要求将美国的中亚、南亚政策统一命名为“新丝绸之路”计划，并向国际伙伴通报。

“新丝绸之路”这一构想最初由美国约翰·霍普金斯大学中亚高加索研究所所长弗雷德里克·斯塔尔（Frederick

Starr）教授提出，美国战略与国际研究中心（CSIS）也参与了构想的制定。根据CSIS的报告，“新丝绸之路”是一个完全覆盖欧亚空间的跨地区贸易网络，打造这一网络有助于确认美国在欧亚地区的经济存在，巩固在阿富汗反恐行动的成果，实现美国广泛的战略目标。最初，美国务院认为该计划构想并不可行。但在2010年，“新丝绸之路”战略得到了美国中央司令部的支持。2011年10月，“新丝绸之路”计划成了美国的正式官方政策。

实施“新丝绸之路”计划是美国对阿富汗战略转型的重要标志，表明美国对阿富汗的战略已从注重北约作用并奉行军事第一、经济第二，过渡为重视地区国家并以经济社会发展为中心。从美国国内情况看，美国经济复苏前景堪忧，民众厌战情绪不断上升，反恐战争难以为继，奥巴马政府面临巨大压力。从阿富汗局势看，社会安全环境不容乐观，反美主义盛行，北约联军内部矛盾攀升。美国虽然投入一定资源用于阿富汗的经济重建和人道主义建设，但与反恐战争的军事投入相比反差很大。美国在阿富汗的支出中有近94%直接用于军事行动，提供给阿富汗的经济民生建设只占全部费用的6%左右，这给阿富汗地区的民众留下美国“只顾反恐不顾民生”的负面形象。以上原因促使美国从单纯重视军事战略，依赖自身和少数北约成员，转向军事战略与经济战略并重，并借助地区国家的力量实施“非军事战略”。美国施行的“新丝绸之路”计划就是阿富汗战略转变的关键一步。

目前，“新丝绸之路”计划的部分项目已经完成，例如乌兹别克斯坦—阿富汗铁路已竣工，塔吉克斯坦桑土达水电站已开始向阿富汗送电。“新丝绸之路”计划的两大核心项目——CASA-1000输变电项目和TAPI天然气管道项目也有一定程度的进展。参与CASA-1000输变电项目的四国已就价格问题达成协议，该项目得到了世界银行和亚洲开发银行的支持，预计将于2018年中期完工。TAPI天然气管道项目也得到了世界银行和亚洲开发银行的支持，中亚另一天然气生产国乌兹别克斯坦也考虑加入该项目，以实现本国天然气出口多元化。

Q 28. 何为“欧亚经济联盟”？

“欧亚经济联盟”是俄罗斯、白俄罗斯、哈萨克斯坦、亚美尼亚、塔吉克斯坦和吉尔吉斯斯坦六个原苏联国家为加深经济、政治合作而计划建立的一个超国家联盟。“欧亚经济联盟”这一概念最早由哈萨克斯坦总统纳扎尔巴耶夫于1994年在莫斯科大学演讲时提出。2011年10月，该计划由时任俄罗斯总理普京正式提出。

2008年以来，全球经历了严重的经济和金融危机，欧美等主要发达经济体增长动力不足，仍处于流动性紧缺和通货紧缩困境。欧洲深陷于主权债务危机中，一体化发展面临倒退的危险。在这一过程中，美国霸权开始走下坡路，发达国家经济实力衰退，国际地位相对下降，自由主义发展模式受到质疑。与此相反，以中国和俄罗斯为代表的新兴市场国家在这场危机中异军突起，崛起为国际经济格局中的重要力量。俄罗斯经济近十年来总体走强，促使其加快整合原苏联地区的步伐。在经济实力迅速提升的基础上，俄罗斯加快推进原苏联地区政治、军事、经济、能源和文化的一体化进程，通过强化集体安全条约组织及快速反应部队的作用，实行安全和军事的一体化；选择俄罗斯、白俄罗斯、哈萨克斯坦关税同盟作为经济一体化的“核心”。

在这一背景下，2011年10月，该计划由时任俄罗斯总理普京正式提出。俄罗斯《消息报》刊登了普京的文章《欧亚新的一体化计划：未来诞生于今天》，文章中提出在原苏联地区建立“欧亚经济联盟”，把欧洲与充满生机和活力的亚太地区联系起来的设想。此前，俄罗斯便一直在着力推动欧亚经济一体化进程，如独联体自由贸易区，欧亚经济共同体框架内的俄罗斯、白俄罗斯、哈萨克斯坦关税同盟等。这一计划将推进独联体自由贸易区和欧亚经济共同体朝着欧亚经济联盟发展，包括建立统一经济空间，实行统一货币，实现商品、服务、资本和劳动力的自由流动以及建立共同能源市场等。

2014年5月29日，探讨俄罗斯、白俄罗斯、哈萨克斯坦三国一体化进程的欧亚经济委员会最高理事会会议在哈萨克斯坦首都阿斯塔纳举行，俄罗斯总统普京、白俄罗斯总统卢卡申科、哈萨克斯坦总统纳扎尔巴耶夫签署了《欧亚经济联盟条约》。根据条约，“欧亚经济联盟”于2015年1月1日正式启动。到2025年，欧亚经济联盟将实现商品、服务、资金和劳动力的自由流动，最终目标是建立一个类似欧盟的经济联盟，形成一个拥有1.7亿人口的统一市场。

2015年1月1日，“欧亚经济联盟”正式启动，志向高远、雄心勃勃的俄罗斯、白俄罗斯和哈萨克斯坦三国，为了在后苏联时代的独联体政治经济空间内建立一个类似欧盟的国际政治经济组织，创建了一个“崭新的新型国际经济同盟”。“欧亚经济联盟”的前身是俄白哈三国建立的关税同盟，独联体成员国亚美尼亚和吉尔吉斯斯坦随后也将成为该联盟新的成员国。塔吉克斯坦正认真研究“欧亚经济联盟”的经济基础和所有的法律文件，以及塔加入“欧亚经济联盟”的可能。“欧亚经济联盟”将对所有俄罗斯邻国开放，这些国家不仅包括独联体国家，还包括俄罗斯在东西方的合作伙伴。

俄罗斯所提出的“欧亚经济联盟”与中国提出的“一带一路”倡议紧密相连。近年来中俄两国战略关系逐渐涵盖能源、石油、天然气、国防工业以及两国不断增长的投资、金融和高新技术领域，而俄罗斯也希望通过“一带一路”联结远东地区与亚太之间的贸易，扩大自身在亚太地区的影响力，这为俄罗斯与中国发展战略的交汇与对接创造出良好机遇。

Q 29. 何为“中亚伙伴关系”？

冷战结束后，欧盟（前身为欧共体）开始考虑在国际大背景下与中亚的互动关系。对欧盟而言，中亚是其地理意义上的外延，政治意义上东进的方向，安全意义上的邻居，经济意义上的能源宝库。因此，处理“中亚伙伴关系”对欧盟来说至关重要。

在20世纪80年代中期，欧盟就对中亚这几个苏联加盟共和国表现出浓厚的兴趣。中亚国家拥有重要的战略地理位置，巨大的科技和工业潜能及丰富的矿产、油气资源等，但它们的国家政体与文化形态既不完全属于欧洲，也不完全属于亚洲。欧盟希望更多地了解这些国家的政治、经济、文化和宗教，于是最先在1986年与乌兹别克斯坦签署了“伙伴合作协议”。2007年，欧盟制定首份中亚战略文件《欧盟与中亚：新伙伴关系战略》，标志着欧盟与中亚的关系进入了新阶段。

“中亚伙伴关系”的内容主要有三个方面：

第一项是促进中亚的稳定和预防冲突。中亚部分地区不稳定的政局以及恐怖主义对欧盟造成一定的安全威胁。而稳定、现代化的边界治理有助于为中亚五国的发展创造有利的周边环境，也可以防止不稳定因素向周边的蔓延。欧盟执委会从特定的角度思考建立与中亚地区稳定的伙伴关系，并支持中亚五国推动区域和次区域整合。

第二项是确保中亚地区的民主与民生，确保中亚的政治稳定和经济繁荣。欧盟认为，稳定的政治框架和有效的经济结构的发展依赖法治，人权以及透明、民主的政治结构，推进中亚地区民主化和人权建设，减少贫困，可以确保中亚地区的长期安全。因此，欧盟提供中亚地区关于建立清廉政府和公民社会的技术、资金援助。

第三项是改善中亚地区的贸易、投资和能源供应环境。短期内，欧盟的目的是要中亚地区建立开放、市场经济导向并能吸引外资的社会环境。欧盟是中亚地区生产设备、投资与服务业的主要提供者。长期目标看，欧盟是要稳定中亚地区能源的供应，保障从里海地区运往欧洲的能源的安全运输渠道，遏制俄罗斯对欧洲能源的掌控。

Q 30. 日本“丝绸之路外交”的动因是什么?

1997年7月24日，时任日本首相桥本龙太郎在经济同友会发表演说时，倡议开展欧亚大陆外交，把中亚和南高加索八国称为“丝绸之路地区”，主要内容是进行旨在增进互信的政治对话，以及加强在能源开发方面的合作。此后，日本对中亚地区的外交逐渐被称为“丝绸之路外交”。

日本“丝绸之路外交”的动因主要有以下几个方面：

首先，日本是一个能源严重匮乏的国家，石油全部依赖进口，其中87%从中东地区进口。中亚地区蕴藏着丰富的石油和天然气资源，里海石油储量预计可达2000亿桶，名列世界第二位，天然气储量名列世界第三位，因此对日本具有很大的吸引力。

其次，在日本与俄罗斯的双边关系中，西伯利亚和萨哈林的能源一直是俄罗斯的撒手锏。如果日本能够参与中亚的能源开发，日本与俄罗斯的谈判筹码便会大大增加。

最后，日本正努力朝政治大国发展，需要提高本国在政治上的影响力。日本希望中亚各国能够成为其可以信赖的伙伴，这在中亚四国支持日本成为安理会常任理事国得到体现，而日本也对其进行了高度评价。

Q 31. 印度“西进战略”的发展历程如何？

如何处理好与巴基斯坦的关系一直是历届印度政府对

外战略的核心。印、巴关系的稳定与否直接影响到整个南亚地区的安全。印度和巴基斯坦都是南亚地区举足轻重的大国，两国的关系在很大程度上决定着南亚的前途和兴衰。冷战以来印、巴关系的紧张不仅严重影响两国的经济建设，迫使两国不得不将有限的资金用于军事领域，也影响了两国经济关系的正常往来和外来投资，还影响到整个南亚地区的经济合作。

冷战结束后，国际关系格局发生了历史性巨变，美国成为世界上唯一的超级大国。为了在多极化的国际关系格局中占据有利地位，摆脱在军事上的被动局面，印度根据本国实际情况，对传统的战争观和安全观作了一系列的调整，提出了“西进战略”。此时“西进战略”是指印度对巴基斯坦采取慑服的战略。

2003年1月25日，印、巴在克什米尔边境实现了停火。它标志着自第三次印巴战争以来，克什米尔地区朝着和平迈出了历史性的一步，也标志着印度的“西进战略”已从过去对巴基斯坦实施慑服战略转向积极发展与巴基斯坦的关系。

随后，南亚区域合作联盟首脑会议在巴基斯坦召开，印、巴两国首脑在伊斯兰堡举行了会晤，拉近了双边关系。2004年1月1日，印、巴恢复了中断两年多的航空联系，两国之间的对峙关系得到了改善。与此同时，印度还积极发展与以色列、土耳其和伊朗等国的关系。印度未来的能源和战略需求与伊朗关系密切，两国在发展公路、铁路和海港等方面开展了合作。

32. 为什么土耳其从“脱亚入欧”转变为“脱欧入亚”？

土耳其共和国是一个横跨欧亚两洲的国家，北临黑海，南临地中海，东南与叙利亚、伊拉克接壤，西临爱琴海，与希腊和保加利亚接壤，东部与格鲁吉亚、亚美尼亚、阿塞拜疆和伊朗接壤。虽然土耳其的国土仅有3%与欧洲擦边，97%的国土包括首都安卡拉都位于亚洲，地理上被归于西亚，但土耳其一直坚称自己是一个欧洲国家。土耳其共和国成立后，国父凯末尔就为土耳其制定了“揭开面纱，穿上西装，走向西方”的国策，力图使土耳其成为欧洲国家的一员。在政府的引导下，土耳其在政治制度、思想观念和生活习俗上都以西化为标准，废除很多历史文化传统，甚至取消了本国一直使用的阿拉伯文字，改用西方文字，并加入了欧锦赛。土耳其之所以要加入欧洲，是希望依靠欧洲发达国家的经济实力带动自身经济的腾飞，实现大国梦。而对于欧盟来说，土耳其同样具有重要的作用和影响。土耳其是沟通东西文化的桥梁，既实行民主政治，又对伊斯兰世界具有巨大的影响力。更重要的是，土耳其的政治实践表明，它是伊斯兰文明和西方民主政治和谐共存的很好的例子。因此，土耳其如果加入欧盟，将对政治、经济、文化等各个方面产生重要影响。1963年，土耳其与欧盟的前身欧共体正式签署了联系国协议，根据加入欧盟的程序，土耳其签署这一协议是申请加入欧盟的第一步。在此后的数十年里，土耳其一直积极向西方国家靠拢，希望尽快成为欧盟的一员。1987年，土耳其正式申请加入欧盟。

但由于塞浦路斯问题、和希腊的矛盾以及自身政治经济发展水平较低等原因，加入欧盟的进程一直未能取得重大进展。由于付出很多努力但一直未能顺利加入欧盟，加上欧洲陷入主权债务危机，土耳其对加入欧盟的兴趣日趋减弱，将注意力转向亚洲。土耳其正式转变入欧的观念是在2008年。当时全球陷入经济和金融危机，不仅对欧美造成严重破坏，也给土耳其带来了巨大影响。土耳其在这次经济危机中看到欧美正在衰落，全球经济中心正在东移，以中国和巴西为代表的金砖四国等新兴国家表现出腾飞的趋势，特别是以中国、印度为代表的亚洲国家顶住了经济危机的打击，引领全球经济走出困境。到2013年，土耳其的外交轨迹已发生明显转变。2013年1月，土耳其现任总理埃尔多安明确指出，如果上海合作组织接受土耳其，该国将完全放弃加入欧盟的申请，这被外界视为土耳其“脱欧入亚”、背西向东的整体战略和既定政策的体现。

33. 联合国“丝绸之路倡议”与“一带一路”有何异同?

联合国于2003年发起了“丝绸之路倡议”，旨在促进丝绸之路沿线国家和地区在贸易、投资、旅游、文化等领域的交流与合作。中国、哈萨克斯坦、吉尔吉斯斯坦、塔吉克斯坦、乌兹别克斯坦都参与了这一项目。

早在2000年和2005年，联合国开发计划署就推出了第一期和第二期丝绸之路合作项目。2006年6月1日，联合国开发计划署宣布在中国设立丝绸之路投资论坛，促进丝绸之路沿线各个国家和地区的发展，并将首次会议定在丝绸之路的起点城市——西安举行。此论坛的设立促进了丝绸之路沿线国家和地区的经济文化交流，有助于推动世界和平与发展。同时，2008年12月17日，联合国开发计划署和联合国旅游组织在“丝绸之路倡议”的框架下计划设立“联合国丝绸之路城市奖”。

与“一带一路”相似的是，“丝绸之路倡议”同样旨在促进相关区域内的贸易自由化与投资便利化，也包含着基于文化财富和文化多样性的民心相通、文化互鉴相关内容，并且两者都以互利共赢为合作原则，但其与“一带一路”最大的区别在于，“丝绸之路倡议”的实质性活动并不多，近十年内，除了丝绸之路投资论坛与“联合国丝绸之路城市奖”外并无其他亮点。除此之外，只有中国、哈萨克斯坦、吉尔吉斯斯坦、塔吉克斯坦、乌兹别克斯坦参与项目，其覆盖范围远远小于横跨亚欧大陆的“一带一路”。在合作机制上，其侧重于在现有合作框架上加强合作，主要依靠联合国贸发会议（UNCTAD）与上海合作组织（SCO）等合作机制，而“一带一路”则是在现有合作机制上进行创新，建立一种和现有合作框架兼容并进的新型框架。

Q 34. “一带一路”与沿线区域现有合作机制的差异在哪里?

国外部分学者认为“一带一路”会对现存的区域合作机

制造成挑战，尤其是会削弱美国“新丝绸之路”计划与俄罗斯“欧亚经济联盟”的影响力。疑虑与担忧的出现是因为对“一带一路”进行了错误解读，实际上倡导开放包容、和平发展、互利共赢的“一带一路”不仅不会挑战其他区域合作机制，还会与这些合作机制相互促进，共同进退，并对合作模式进行创新。

从沿线区域现有合作机制的发展现状来看，目前大国地区权力博弈平衡呈现越来越不稳定的趋势。首先是俄罗斯与美国、欧盟在乌克兰危机、叙利亚问题等方面产生较大分歧，短时间难以弥合，从而导致关系紧张；其次在互联互通问题上，各大国间存在较大差异，美国“新丝绸之路”计划强调中亚向南与南亚实现互联互通，俄罗斯则希望中亚向北与其实现经济一体化，而欧盟则强调中亚向西经土耳其与欧盟相联通；再次，各合作机制相互重叠与竞争，使得该区域的合作前景蒙上阴影。

与其他大国战略相比，“一带一路”战略并非是仅从我国需求出发的地缘战略，而是基于互利共赢原则的可持续合作机制；其互联互通的目的并非增加中国在沿线区域的影响力，而是着眼于沿线区域自身的发展，在文化互鉴、民心相通的基础上实现经贸、基础设施、文化、能源等方面的互联互通，为世界提供了一种新型的发展构架与发展模式。

第四章 时代背景

Q 35. 经济全球化新形势下我国开放型经济面临哪些主要挑战？

当前，经济全球化呈现出重大变化，我国开放型经济建设也面临着巨大挑战：

（1）如何使开放模式从边境开放转向对内开放与对外开放的相互促进。长久以来以边境开放为主的开放模式在提高了国外产品与要素的贸易成本与流动成本的同时，也扭曲了国内资源配置情况，造成了效率损失。而在以境内开放为基础的贸易政策实施中，中国目前仍任重道远，根据WTO数据计算，目前我国境内开放贸易政策的覆盖率约为24.8%，远低于美韩四成左右的覆盖率，并且在政策有效率方面，我国（39%）也低于美国（74.7%）与韩国（45%）。

（2）如何使要素流动从以“引进来”为主转向“引进来”与“走出去”的有机结合。改革开放以来所形成的以“引进来”为主的要素流动模式与当前要素双向流动的国际趋势之间的矛盾，阻碍了我国开放型经济的可持续发展。目前，中国内外要素流动仍面临诸多障碍，尤其是中国企业对外直接投资，如何有效解决企业规模偏小、经验不足、投资低效、人才储备短缺等挑战，对我国构建开放型经济新体制有着至关重要的作用。

（3）如何使国际分工模式从传统比较优势为基础转向国际竞争新优势为基础。随着我国对外贸易的脆弱性与国内生态环境的恶化提前到来，维持中国高速发展的依靠大量投放廉价禀赋要素的比较优势逐步弱化，亟待培育新的国际竞争优势。与此同时，产品生产的逐步“碎片化”使得国际分工模式从以产品为边界转向以价值链为边界，在此背景下，我国参与国际分工的方式、层次和特点也将随之进行调整、拓展和提升。

（4）如何在参与国际经济合作中从国际规则的遵循者转向国际规则的制定者。制定国际规则话语权的竞争是国际经济合作中最高层次的竞争。战后发展起来的现行国际经济规则以美欧等发达国家的利益和需要为核心，因此只谈学习规则、遵守规则，而不谈修正规则、制定规则将会限制中国的发展。只有积极参与国际经济规则制定和现有规则的调整与变革，才能推动国际秩序朝着更加公正合理的方向发展，为开放型经济新体制建设营造良好的外部环境。

Q 36. 新贸易保护主义对我国的出口贸易有何影响？中国应该如何应对？

反倾销、反补贴等保障性措施对我国出口贸易具有非常大的破坏性作用，进而影响我国产业结构的发展。这些措施极大地打击我国具有国际比较优势的产业，而这些产业大量的出口产品只能转回头来投入到本国市场，与本国原有的产品抢夺市场，这势必造成市场供求失衡，价格下跌，严重影响我国产业结构的正常发展。同时，技术性壁垒、绿色壁垒等贸易壁垒对我国出口贸易也有着负面影响。我国作为发展中国家，因为自身在经济水平、出口商品结构等方面与发达国家存在一定的差距，我国产品在环境、卫生等方面不符合发达国家制定的高技术要求，致使许多商品无法出口到这些发达国家，给我国对外贸易造成很大的损失。

为应对新贸易保护主义的影响，我国应做到：

（1）紧跟时代步伐，尽快完善我国外经贸制度。近年来我国外经贸制度已经取得很大进展，但是与发达国家相比，还存在很大差距。贸易伙伴就是以此为借口，频频对我国发起贸易救济调查，所以我们要尽快完善我国的外经贸制度，加快我国的标准化建设和发展。

（2）调整出口战略，扩大国内需求。我国作为贸易大国，与主要贸易伙伴国存在巨额的贸易顺差，贸易伙伴国以此为由对我国出口产品频频发起保护措施，而且我国的对外贸易依存度一直保持在较高的水平。过分依赖国外市场给出口产业以及整个国民经济带来很大的风险和不确定性，而且消费作为拉动经济增长的三驾马车之一，没有很好地发挥拉动作用。但是对外贸易的拉动作用已经超过预警线，因此我国应扩大国内需求，发挥消费的巨大潜力。

（3）加快产业结构的调整和升级，大力发展循环经济。金融危机后，我国出口贸易遭受贸易保护措施限制的数量不断增长，分析的结果是工农业初级产品和低附加值的工业制成品占很大比例，要解决这一问题，必须提高我国出口产品的科技含量和附加值，政府应该加快产业结构的调整和升级，这样才能增强抵御外部风险的能力，进而促进我国对外贸易的持续和健康发展。

另外，面对日益严峻的绿色壁垒和技术壁垒，我国要高度重视，积极应对，尤其是要全面推进清洁生产，大力发展循环经济，逐步使我国产品符合资源、环保等方面的国际标准。政府在促进发展循环经济中要发挥标准化的引导作用，大力发展可再生能源、促进节能产品的发展，发挥质量监管保障的作用。

Q 37. 新兴经济体如何在国际规则的制定中争取更多的话语权？

多边贸易体制下发展中国家的话语权经历了从无到有、从弱到强的阶段。然而总体看来，西方发达国家仍占据主导优势。随着新兴经济体的迅速发展，国际规则制定的话语权远远落后于其经济实力，参与国际规则制定的必要性和迫切性成了新兴经济体不可回避的问题，而新兴经济体提升国际话语权的途径主要有：

（1）提升经贸实力，夯实话语权基础。话语权和其他形式的权力有着相同的本质属性，都需要以国家的实力为基础。因此，中国在多边贸易体制中的话语权是要建立在本国贸易实力之上的。要增强新兴经济体在多边贸易体制内的话语权，就要求新兴经济体采取措施促进贸易发展，提升贸易结构，由贸易大国向贸易强国转变，做到四个注重，即注重国内市场与国际市场的融合，注重对全球资源进行优化配置，注重贸易发展的经济效益，注重政府的贸易服务功能，为国际贸易发展提供良好的国际经贸环境。

（2）在现有合作框架内，提升自身话语权。以WTO为例，其成立以来，设计并不断完善谈判、磋商、争端解决程序，并建立了多边贸易体制下相应的机构。这些程序、机构对于维护多边贸易体制的稳定运行和不断发展起着极为重要的作用。在此背景下，多边贸易体制下的话语权构建是要通过一定的途径、代表，按照一定的规则来实现的。首先，必须保证驻WTO代表团拥有适当的规模和高质量的人力资源；其次，必须努力争取WTO中各个机构的领导席位，促使这些职位更多地、合理地分配给与本国有相同或相似立场的发展中国家；三是合理运用争端解决机制，使得规则导向的争端解决机制成为维护本国自身利益、提升体制内话语权的一个有力武器。

（3）争取国际商品贸易定价话语权。国际商品贸易定价机制是国际贸易的核心机制之一。只有掌握了定价权，在国际贸易中才能不受制于人，这不但能促进本国贸易额增长，更重要的是可以大幅增加本国贸易福利。定价权除了增强本国经贸实力进而支持多边贸易体制内的话语权力之外，还会增加本国在多边谈判中的筹码，直接促进本国多边贸易体制内话语权力的增长。因此，争取国际商品贸易定价话语权与多边贸易体制内话语权的增强是密切相关的。

Q 38. 中国经济新常态如何为世界经济复苏增添动力？

目前，世界经济格局处于不断变化的动态过程之中，而中国经济正在进入一个增长动力切换和发展方式转变的新常态，高速增长的传统比较优势正在衰减，外部不利条件依旧弱化未来两年高速增长的预期，尤其是出口疲软、内需低迷等因素将继续制约经济增长。因此，稳增长将成为眼下的主要任务，核心目标在于提高经济增长的效率，从而保证新常态的中国经济“调速不失势”，为世界经济的复苏增添动力。具体来看表现为以下三方面：

一是从消费看，需求对经济增长贡献渐长，消费开始步入细分市场阶段。一方面，“刘易斯拐点”以后，中低端劳动力的收入水平逐渐上升，导致中产阶级可支配收入将稳步提高；另一方面，利率市场化背景下的降息和就业稳定将为居民可支配收入增长提供基础性支持。经上述分析可知，2015年消费对经济拉动作用将进一步提升，信息消费、文化消费、旅游休闲消费等将是重点推进的领域。

二是从投资看，增长动力将聚焦于基建投资。首先，房地产投资回落成定局，这将继续抑制重工业的生产和投资，加剧地方政府财政困境，拖累整体经济上涨。其次，在房地产投资下降之际，促进互联互通的基础设施建设以及一些新技术、新产品、新业态、新商业模式的投资机会将大量涌现。另外，政府为稳定经济，财政支持力度将加大，基础设施投资仍是政策主力点。因此，未来整体投资增长将由弱转稳，其中基础设施建设有望保持平稳增长。

三是从出口看，发达经济体经济复苏等因素有利于我国出口恢复，但依赖传统低成本优势的出口增长将面临困境。一方面，随着美国、欧盟等发达经济体开始步入上升期，其进口需求也正在缓慢复苏，有利于我国出口的增长；另一方面，我国需要转变对外贸易的发展方式，低端劳动力成本上升将制约出口企业的发展。但受益于“一带一路”、京津冀协同发展、长江经济带等区域发展战略，对外贸易的新型优势将逐渐显现。

总的来说，进入“新常态”的中国经济将迎来发展、转型、升级融合的时期，若要保持继续运行在合理区间需要付出艰苦的努力，但是，在经济增速放缓的同时，结构优化效应增强，新的增长动力已经开始形成，有望继续实现有质量、有效益、可持续的发展。

Q 39. TTIP与TPP对全球经济的影响表现在哪些方面?

在经济全球化受阻的情况下，区域经济合作成了各国减缓经济冲击、实现稳定增长的必然选择。如跨大西洋贸易与投资伙伴协定（TTIP）谈判和跨太平洋伙伴关系协议

（TPP）谈判，是传统经济体在经济全球化冲击下做出的主动战略协调，有着提振欧美经济、打造新的全球贸易投资规则、深化欧美地缘关系的战略意图。TTIP和TPP的提出、谈判进程及最终结果，将对当前国际经贸格局产生重大影响，主要体现在以下三方面：

一是将贸易自由化的焦点转向非关税壁垒的削减。二战以后的贸易自由化主要集中在降低关税领域，而TTIP与TPP谈判更加注重非关税贸易壁垒，包括进口配额、环境问题、劳工标准、管理和安全标准、检验程序以及对国内公司的倾斜等。据估计，非关税壁垒、规则问题或“边境之后”措施成本相当于10%～20%的关税额。

二是为国有企业设定全球标准。欧委会在欧美贸易谈判中试图为国有企业补贴的透明度以及规则设定全球标准，借TTIP谈判推动一项被长期搁置的目标，即将竞争政策纳入未来贸易协定当中。欧盟在欧美自贸谈判中推动补贴、反垄断和并购有关的条款，正是试图将这些问题重新带回全球贸易舞台。怎样避免政府补贴和其他对国有企业的优惠措施扭曲竞争并损害美欧企业，也是TTIP谈判的重要内容。欧盟认为，随着国有企业日益成为全球主要竞争者，很有必要明确相关问题，以使其不能逃避用于规范私有企业的反垄断和并购法律。同时，政府还应保证国有企业按照市场规则运行。而TPP同样也存在针对国有企业的“竞争中立”条款。

三是引领全球经济自由化新规则。TTIP与TPP谈判的重点是规制的协同，尤其是在新技术方面，新的框架将解决当前和未来工业面临的问题。在TTIP谈判中，美国同意将海洋贸易、金融服务、国防、烟草、政府采购等美国敏感行业全部纳入谈判。TTIP与TPP谈判将WTO未涉及的新领域作为谈判内容，试图引领未来全球经济自由化包括金融自由化方向。

Q 40. TPP规则对中国有何潜在冲击与影响？

中国与TPP各准成员国整体上贸易联系紧密，但随着TPP谈判的进行，其准成员国与中国的贸易联系逐渐松散，若中国一直游离于TPP之外，将对中国的对外贸易造成巨大的消极影响。在贸易竞争力方面，中国具备加入TPP的实力，并且加入TPP也有利于TPP各成员国对中国出口的可持续性增长。因此，中国应该加入TPP谈判。而加入TPP将会对中国带来以下冲击：

（1）政策体系的转变：国内政策国际化。国内政策国际化，是指国内的产业政策、竞争政策、市场准入政策以及知识产权保护、环保标准、劳工标准等政策的制定与调整将受到国际规则的约束与监督。如何界定中国在建立国际自由贸易区实践中的国际责任以及通过国内政策国际化来保障中国的合法权益，并且排除其他成员以此为借口来损害中国的权益等，都亟待有效地应对。

（2）经济管理模式的转变：负面清单管理模式。负面清单是指凡是针对外资的与国民待遇、最惠国待遇不符的管理措施、业绩要求、高管要求等方面的措施均以清单方式列明。实施负面清单管理模式意味着中国对外资的管理模式将转变为建立“以准入后监督为主，准入前负面清单方式许可管理为辅”的投资准入管理模式，从原有准入后国民待遇原则向准入前国民待遇原则的转变，要求政府的职能再定位，必须完成从重审批到重服务、从事前审批到事后监管的根本转型。

（3）开放模式的转变：境内开放模式。边境开放的形式仅仅体现为关税减免、货物贸易自由化，而境内开放则注重于“边境之后”的开放，包含以促进服务贸易和投资自由化为主的相关措施，为中小企业参与国际竞争提供“边境之后”的贸易、投资便利化措施。在TPP协议中，明确要求“抑制一国境内阻碍竞争的行为，消除一国境内对国外服务贸易的歧视行为，为外资提供稳定的投资环境”，这也意味着若中国要加入TPP必然面临着境内开放的选择。

（4）产业政策的转变：功能型产业政策。所谓功能性产业政策是指政府通过加强各种基础设施建设（广义的基础设施包括物质性基础设施、社会性基础设施和制度性基础设施），推动和促进技术创新和人力资本投资，维护公平竞争，降低社会交易成本，创造有效率的市场环境，使市场功能得到发挥的产业政策。这种产业政策有着非专向性和非扭曲性两大特点，不会对自由贸易、公平竞争造成直接或间接的价格扭曲和资源错配。

Q 41. 全球能源格局变化对中国的能源安全有何挑战?

从总体上看，在这次全球能源格局调整中，中国在国际能源格局中地位的上升，有利于中国参与全球能源治理，但同时也将面临以下挑战：

（1）国际关系处理更加复杂化。中国国际关系再调整主要包括两方面内容，一是中国与发达国家关系的重构。在维护全球能源安全问题上，中国与发达国家具有共同的利益，但是由于在政治和意识形态方面的对立，中国在积极参与全球能源治理的过程中，还必须维护国家政治利益，避免发达国家利用能源安全对我国政治、军事进行干涉和影响。

二是中国与发展中国家关系的调整。中国与发展中国家之间的经济关系现在已转变为投资国与东道国之间的关系，经济关系的变化有可能会导致政治关系的改变。在全球能源利益格局变动中处理好与发达国家、发展中国家的关系，是中国能源外交所面临的新挑战。

（2）政治格局的调整。中国的能源安全有赖于全球的能源安全，而全球能源安全需要有国际规则保障。近年来，在联合国、国际能源论坛、20国集团、欧洲安全合作组织、亚太经济合作组织、欧洲能源宪章等全球和地区多边国际论坛框架内，能源安全的讨论占有重要地位。中国作为新兴能源大国，如何登上国际舞台并发挥大国应有的作用尚未有成熟的脚本。从近期看，中国尚缺乏改变全球能源安全规则和秩序的政治能力。因此，作为能源大国，如何在国际舞台上发挥主导作用、以一种什么样的政治姿态影响和参与全球能源治理是中国面临的另一个挑战。

（3）周边国家资源争夺更为激烈。我国所处的亚洲是全球能源资源相对贫乏的地区，同时又是能源消费增长最快的地区，东、南、西三个方向的相邻国家基本上都是能源净进口国，在能源方面存在竞争关系，而中国从中东和非洲进口石油要经过长距离海运，通过霍尔木兹海峡和马六甲海峡两个战略咽喉，而中国海上运输的安全保障和能力建设刚刚起步。日本、菲律宾等周边一些国家在美国重返亚太战略的支撑下，挑衅我国领土和主权，与我国争夺海上石油资源。我国正面临着前所未有的复杂的国际政治环境，如何以高度的政治智慧与周边国家解决能源争端、领土争端和贸易争端，是中国在新的国际形势下面临的又一挑战。

第五章 框架思路

42. “一带一路”的基本内涵是什么?

“一带一路”是促进共同发展、实现共同繁荣的合作共赢之路,是增进理解信任、加强全方位交流的和平友谊之路。

43. “一带一路”建设的基本理念是什么?

和平合作、开放包容、互学互鉴、互利共赢。

Q 44. 如何理解"一带一路"建设的三个共同体?

三个共同体即利益共同体、命运共同体和责任共同体。

(1)共同的利益联结"一带一路"。共商、共建、共享,体现了"一带一路"的开放包容,中国本着互利共赢的原则同沿线国家开展合作,与沿线国家共享中国发展的红利。自习近平主席2013年秋先后提出建设丝绸之路经济带和21世纪海上丝绸之路,短短一年半的时间,就已有60多个国家和国际组织做出了积极响应。参与"一带一路"正在成为兼顾各方利益、反映各方诉求的共同愿望。"一带一路"沿线多是新兴经济体和发展中国家,各国资源禀赋各异,经济互补性较强,彼此合作潜力和空间巨大。据初步估算,东起亚太经济圈,贯穿亚欧非大陆,西进欧洲经济圈,"一带一路"沿线国家人口约44亿,经济总量约21万亿美元。当"一带一路"大家庭的成员日益增多的时候,成果也将惠及更广泛的区域。

(2)共同的责任铺就"一带一路"。"一带一路"是新时期中国为国际社会提供的便车和快车，是为世界提供的有益公共产品。中国利用自己的强大基础设施建设能力和雄厚的资金实力来推动实现这一工程。“一带一路”建设不是空洞的口号，而是看得见、摸得着的实际举措。2015年一季度，沿线国家在中国实际投入外资16.8亿美元，中国对沿线国家实现非金融类直接投资25.6亿美元。陆上，一列列国际货运班列在欧亚大陆纵横驰骋；战略对接，已经建立与俄罗斯、哈萨克斯坦等国家的战略合作关系；项目对接，中白工业园、中俄丝路创新园孕育着高科技合作的新希望。海上，中国和斯里兰卡共建的科伦坡南港码头，创造了2014年世界港口增长的最快纪录；姊妹园区——中国—马来西亚钦州产业园区、马来西亚—中国关丹产业园正从图纸变成实景。在海陆交汇处，中国和巴基斯坦已规划出“1＋4”合作布局，即以中巴经济走廊建设为中心，以瓜达尔港、能源、基础设施建设、产业合作为重点。只有当蓝图变成了一个个实实在在的工程和项目时，才算走实了这条带、这条路。

（3）共同的命运筑实“一带一路”。共建“一带一路”是中国的倡议，也是中国与沿线国家的共同愿望，倡导在追求本国利益时兼顾他国合理关切，在谋求本国发展中促进各国共同发展。面对复苏乏力的全球经济形势，纷繁复杂的国际和地区局势，顺应当今和平、发展、合作、共赢的时代潮流，促进共同发展，实现共同繁荣，传承和弘扬“和平合作、开放包容、互学互鉴、互利共赢”的丝路精神更显得尤为重要和珍贵。“一带一路”将会给商业、工业、思想、发明和文化带来可与古丝绸之路相媲美的新复兴。

Q 45.《愿景与行动》是如何阐述“五通”的?

“一带一路”的主题是“五通”，即政策沟通、设施联通、贸易畅通、资金融通、民心相通。这“五通”是统一体，缺一不可。

（1）“一带一路”建设是沿线各国开放合作的宏大经济愿景，需各国携手努力，朝着互利互惠、共同安全的目标相向而行。政治互信是“一带一路”建设的前提。“一带一路”沿线国家多，形势复杂，存在很多安全隐患，国际经济形势不乐观、不稳定情况下容易有突发事件，具体项目落实会有一定困难。因此，共建“一带一路”过程中，需要参与各方进行政策的对话与沟通，达成政治互信，消除误读误判，建立良好的合作机制，达成统一目标，最后才能够共同推进。

（2）努力实现区域基础设施更加完善，安全高效的陆海空通道网络基本形成，互联互通达到新水平。改善基础设施建设是“一带一路”建设最为基础的一步。“一带一路”沿线很多经济体发展水平比较低，沿线国家在交通设施领域普遍欠发达，并且高山、沙漠、河流不时阻隔交通，给货物和人员交流带来不便。基础设施建设，不仅指公路、铁路、航空、港口等交通基础设施，还包括油气管道、输电网、跨境光缆建设和互联网、通信基础设施的建设。

（3）投资贸易便利化水平进一步提升，高标准自由贸易区网络基本形成，经济联系更加紧密，政治互信更加深入。近年来，中国与沿线国家之间的贸易有了长足发展，但各种贸易壁垒仍不便于扩大交往，因此，需要使贸易、投资和人员往来便利化，加强信息交换、海关、认证等方面的合作来拓宽贸易和投资。另外，“一带一路”建设需要上万亿美元甚至更多的资金，任何一国都无力承担这样的巨额费用，只能通过市场运作来筹集资金。一方面，要充分发挥设立的丝路基金的作用；另一方面，要充分发挥各国融资的作用。此外，还要充分创造条件，方便各国民间资本进入，引导商业股权投资基金和社会资金参与共建“一带一路”。各国可通过本币互换等方式来降低成本。

（4）人文交流更加广泛深入，不同文明互鉴共荣，各国人民相知相交、和平友好。跨越各国的“世纪工程”若能获得沿线国家民众的广泛支持，将会顺利得多；反之，则寸步难行。所以，必须通过传承和弘扬古丝绸之路友好合作精神，开展广泛的人文交流，推动科技和智力的交流互动，鼓励教育、就业、旅游、人才等市场相互开放，加强媒体合作、旅游合作等多种方式，来增进彼此合作和理解，以共同推进“一带一路”建设。

46. “一带一路”的共建原则包含哪些内容?

恪守联合国宪章的宗旨和原则。遵守和平共处五项原则，即尊重各国主权和领土完整、互不侵犯、互不干涉内政、和平共处、平等互利。

坚持开放合作。“一带一路”相关的国家基于但不限于古代丝绸之路的范围，各国和国际、地区组织均可参与，让共建成果惠及更广泛的区域。

坚持和谐包容。倡导文明宽容，尊重各国发展道路和模式的选择，加强不同文明之间的对话，求同存异、兼容并蓄、和平共处、共生共荣。

坚持市场运作。遵循市场规律和国际通行规则，充分发挥市场在资源配置中的决定性作用和各类企业的主体作用，同时发挥好政府的作用。

坚持互利共赢。兼顾各方利益和关切，寻求利益契合点和合作最大公约数，体现各方智慧和创意，各施所长，各尽所能，把各方优势和潜力充分发挥出来。

Q 47. “一带一路”建设的整体空间如何布局?

“一带一路”贯穿亚欧非大陆，一头是活跃的东亚经济圈，一头是发达的欧洲经济圈，中间广大腹地国家经济发展潜力巨大。

从“一带一路”途经路线和辐射范围看，向北与俄罗斯的交通线及管道连接，向东连接东亚另外两个主要经济体日本和韩国，向西通过中亚连接西欧，向西南通过印度洋连接到北非，向南过南海到南太平洋包括澳洲等地，把东亚、东南亚、南亚、中亚、澳大利亚、欧洲南部、非洲东部的广大地区联系在一起。中间广大腹地人口众多、资源丰富而经济发展相对滞后，与我国经贸合作起步虽晚但潜力巨大，是我国拓展全方位开放格局的重点方向。对中亚和中东欧国家来说，它们均处于社会经济转型重要阶段，都面临发展经济的艰巨任务，都乐于搭乘中国发展的“顺风车”，通过“一带一路”可以更好地吸收国际资本、技术和管理经验，加快经济振兴。

48. 丝绸之路经济带的基本走向是怎样的?

丝绸之路经济带重点畅通中国经中亚、俄罗斯至欧洲（波罗的海）；中国经中亚、西亚至波斯湾、地中海；中国至东南亚、南亚、印度洋。

49. 21世纪海上丝绸之路的基本走向是怎样的?

21世纪海上丝绸之路重点方向是从中国沿海港口过南海到印度洋，延伸至欧洲；从中国沿海港口过南海到南太平洋。

50. 如何理解丝绸之路经济带与国际大通道、中心城市、经贸产业园区的关系?

依托国际大通道，以沿线中心城市为支撑，以重点经贸产业园区为合作平台。

51. “一带一路”六大经济走廊是哪六个？

新亚欧大陆桥、中蒙俄、中国—中亚—西亚、中国—中南半岛、中巴、孟中印缅经济合作走廊。

52. 如何理解中巴、孟中印缅经济走廊的特殊战略地位？

中巴经济走廊，起点在新疆喀什，终点在巴基斯坦瓜达尔港，全长3000千米，贯通南北丝路关键枢纽，北接丝绸之路经济带、南连21世纪海上丝绸之路，是一条包括公路、铁路、油气和光缆通道在内的贸易走廊。中国外交部部长王毅把中巴经济走廊描述为“一带一路”交响乐中的“第一乐章”。可以预见的是，在未来几年的中国周边外交以及“一带一路”战略实践中，中巴经济走廊兼顾“一带一路”战略推进的“试点区”“示范区”“创新区”等三项职能。从中巴能源需求上，它从陆路开辟了通向中东的门户，以此为枢纽可把中国、波斯湾和阿拉伯海连接起来，开辟一条绕过马六甲海峡的内陆能源通道；从宏观战略上，建设中巴经济走廊，不仅对中巴两国发展具有强大推动作用，优化巴基斯坦在南亚的区域优势，有助于促进整个南亚的“互联互通”，更能把南亚、中亚、北非、海湾国家等通过经济、能源领域的合作紧密联合在一起，形成经济共振，其建设将惠及近30亿的人口。

孟中印缅经济走廊建设是2013年5月国务院总理李克强访问印度期间提出的倡议。孟中印缅陆路通道的建成，将使新欧亚大陆桥与南亚和环印度洋地区连通，中国西部地区与南亚和环印度洋地区的经贸往来将大大缩短运距、成本和时间，中国西南地区经贸发展的区位劣势将大为改观，有利于大西南地区扩大对南亚的开放力度，促进该地区的经贸合作和经济发展；促进中印领土边界问题早日协商解决，促进四国尤其是毗邻地区人民的相互了解和信任，化解分歧和矛盾，为各国经济发展创造一个和平安宁的周边环境；加大四国贸易往来，充分发挥各自的比较优势，形成四国能源、资源、原料、工业制成品等方面的合理国际分工，带动产业结构调整，增强各自的经济实力。

53. 如何理解21世纪海上丝绸之路与重点港口城市建设的关系？

港口是水陆交通的集结点和枢纽，是工农业产品和外贸进出口物资的集散地，是船舶停泊、装卸货物、上下旅客、补充给养的场所，是联系内陆腹地和海洋运输的一个天然界面，因此推进21世纪海上丝绸之路建设的核心任务是以重点港口为节点，共同建设通畅、安全、高效的运输大通道。以港口建设带动城市发展，以城市发展增强港运能力。

第六章　合作领域

Q 54. “五通”合作领域有何内在联系?

“一带一路”超越了纯粹的贸易自由化和投资便利化要求，旨在推进综合的发展与交流，主要包含经济领域合作与非经济领域合作的融合以及经济领域内各层面之间的整合，其合作领域涉及政治、经济、文化等各个方面，而其合作重点，可以总结为“五通”，即政策沟通、设施联通、贸易畅通、资金融通与民心相通。“五通”相互关联，相互影响，是一个密不可分的整体。

政策沟通是“五通”的顶层设计，既为“五通”开辟道路，又在政治层面上为“一带一路”建设保驾护航，政策沟通能够通过加强政治互信、深化区域间利益融合，形成自上而下的协调机制，保障“一带一路”建设的顺利进行，因此，“加强政策沟通是‘一带一路’建设的重要保障”。目前，亚欧地区的基础设施还存在着不连、不通、不畅的现象，不同的技术标准体系也为国际交通运输的畅通带来了巨大的不便，而关键交通路段的缺失、瓶颈路段的低通行能力都使得各国之间的空间距离被不断放大，因此，“基础设施互联互通是‘一带一路’建设的优先领域”。在当前经济全球化新形势下，国际投资和国际贸易不仅是推动经济增长的重要引擎，也是深化各国互利合作的关键所在，因此，“投资贸易合作是‘一带一路’建设的重点内容”，也是满足“一带一路”沿线国家利益诉求的核心所在。经济的稳定能够促进金融发展，良好的金融环境又能够促进资金在不同地区、产业间合理流动，优化资源配置，提高资源利用效率，为经济发展提供强大的资金支持，因此，“资金融通是‘一带一路’建设的重要支撑”。多文明交流与互鉴是古丝绸之路精神的表现，也是实现和平友谊、共同发展的核心，更是以和平发展、合作共赢为时代主题的重要体现，因此，“民心相通是‘一带一路’建设的社会根基”。

55. 开展“政策沟通”的重点是什么？

政策沟通，是“一带一路”建设的重要保障，其建设重点在于加强政府间合作，通过政府间沟通与协调，共同协商解决合作中的问题，以项目合作为突破口，形成“一带一路”务实合作新局面。

目前，“一带一路”沿线区域间已建立了多种政策沟通机制，如亚欧首脑会议，新亚欧大陆桥国际协调机制，上海合作组织的政府首脑定期会晤机制与部门领导人会谈机制，亚太经合组织的领导人非正式会议、部长级会议、高官会，中国—东盟（“10+1”）领导人会议，等等。但现有的政策沟通机制还主要集中在高层互动、高层沟通上，缺乏相应的地方联动机制，并且各政策沟通机制存在着相对独立、相互排斥、作用相互重叠等缺陷。因此，“一带一路”建设应以中心沿线城市为支撑，合理利用现有的高层政策沟通机制，建立更多区域间、城市间的沟通机制，力求形成“多层次政府间宏观政策沟通交流机制”，以开放多元为基本准则，与成员方之间已存在或者在建的多边合作机制包容并进。同时，政策沟通的目标在于协商解决合作中的问题。“一带一路”建设秉承“共商、共建、共享”的原则，“沿线各国可以就经济发展战略和对策进行充分交流对接，共同制定推进区域合作的规划和措施，协商解决合作中的问题”。而中国作为“一带一路”倡导国以及负责任的大国，会考虑自身受益性与公共性之间的协调以及短期收益与长期收益之间的协调，在“一带一路”的建设中，中国并不谋求主导地位，而是坚持互利共赢，兼顾各成员方的利益，寻求各方利益的最大公约数，并且在推进过程中，中国会从公共性以及长远性角度出发，适当做出利益让渡，以推进“一带一路”建设。

“一带一路”建设将以项目推动为突破口，把重点放在重大项目上，从偏向务虚的合作转变为以务实为主的项目合作，以实质性合作为主导推动基础设施、经贸等方面重大项目的实施。而政策沟通正是要为项目合作提供政策支持，通过各级政府间的沟通与协商，在政策、法律层面，为创新合作“开绿灯”，助力“一带一路”建设。

Q 56.“设施联通”的重点主要有哪些？

设施联通是“一带一路”建设的优先领域，其建设重点可以总结为交通基础设施互联互通、能源基础设施互联互通与信息丝绸之路三点。

交通基础设施互联互通是基础设施建设的基础。交通基础设施建设，可以总结为“由未通到打通、由打通到畅通”。交通基础设施互通，就必须先解决“不连、不通”的问题，应“抓住交通基础设施的关键通道、关键节点和重点工程，优先打通缺失路段”，积极组建以航空和水运为先导、公路为基础、铁路为动脉，集公、铁、水、航多种运输方式和枢纽港站、现代通信网络为一体的国际立体运输大通道，完成“由未通到打通”的目标。

能源基础设施互联互通是基础设施建设的战略要点。能源安全是关乎各国国家安全的大问题，而“一带一路”的腹地——中亚与西亚地区，包含着许多不稳定的因素，尤其是西亚地区。西亚地区作为亚、欧、非三大洲与印度洋、大西洋的交汇处，地理位置十分重要，同时又是世界上最大的石油产区之一。但西亚地区也是世界上最动荡的地区之一，政局的不稳定导致油气运输管道的安全受到巨大的威胁，“共同维护输油、输气管道等运输通道安全”将成为能源基础设施合作的重中之重。另外，“一带一路”建设坚持互利共赢的目标，将会帮助能源资源产地优化当地产业结构，“推进能源资源就地就近加工转化合作”，同时“推进跨境电力与输电通道建设，积极开展区域电网升级改造合作”，助力能源资源产地经济发展。

信息丝绸之路是基础设施互联互通的技术支撑，更是交运与能源合作信息化、现代化的重要支撑。不管是物流信息化还是智能电网的实现都离不开信息化支持，而信息丝绸之路将为物流信息化与能源设施合作提供坚实的技术支持。另外，信息丝绸之路还大大拓宽了“一带一路”沿线各国政治、经济、文化交流的渠道，为政策沟通、贸易畅通与民心相通插上信息化的翅膀，助力“五通”实现。在此基础上，“一带一路”倡议沿线各国“共同推进跨境光缆等通信干线网络建设，提高国际通信互联互通水平，畅通信息丝绸之路。加快推进双边跨境光缆等建设，规划建设洲际海底光缆项目，完善空中（卫星）信息通道，扩大信息交流与合作”。

57. 如何理解“贸易畅通”的内涵?

“一带一路”是以目标协调为重的多元的、开放的新型合作方式，它并不刻意要求合作方式的一致性，而更强调合作目标的达成。而“一带一路”最重要的战略目标便是实现亚欧非地区的共同繁荣。丝绸之路经济带与21世纪海上丝绸之路正是一条经济合作之路。“一带一路”一头连接着发达的欧洲经济圈，一头连接着活跃的东亚经济圈，而广袤的中央腹地上有中亚、西亚等能源矿产资源极为丰富的地区，又有诸如印度、土耳其等多个新兴经济体，区域间经济发展阶段互不相同、资源禀赋各异，其经济合作的潜力不可谓不大。而在当前经济全球化新形势下，国际投资和国际贸易不仅是推动经济增长的重要引擎，也是深化各国互利合作的关键所在，因此，“投资贸易合作是‘一带一路’建设的重点内容”。而与基于优势互补的传统自贸区合作模式的不同，“一带一路”模式更加注重各成员方之间的优势再造效应，旨在将边境对跨区域合作的抑制效应转变为催化效应。同时“一带一路”模式通过基础设施的互联互通重构经济地理，使得原有潜在比较优势显性化，在此基础上构建国际竞争新优势，并且基础设施的互联互通还使得各成员方之间及其内部的贸易投资成本下降。

总体来看，贸易畅通有着贸易自由化与投资便利化两层内涵，而贸易自由化与投资便利化又是相互促进、相辅相成的。一方面，由于母国与东道国的政治、经济、文化环境不同，跨国投资企业又缺乏相关知识，常常面临着巨大的风险，而贸易自由化将使得区域内经济交流更为频繁，相关的知识也能更好地在区域内进行传递，从而为区域内跨境投资提供了有利条件；而另一方面，跨境投资能够更合理地利用各国的非贸易要素，放大各国原先的比较优势，并在此基础上形成新的竞争优势，从而促进贸易发展。而2008年的金融危机使世界经济遭受重创，国际贸易与投资环境不断恶化，贸易壁垒与投资壁垒大大阻挠了世界经济复苏的进程。鉴于此，《愿景与行动》发出了“着力研究解决投资、贸易便利化问题，消除投资和贸易壁垒，构建区域内和各国良好的营商环境，积极同沿线国家和地区共同商建自由贸易区，激发释放合作潜力，做大做好合作蛋糕”的积极倡议。

Q 58. 如何通过贸易自由化促进“贸易畅通”？

贸易自由化是贸易畅通的重点之一。经济危机以来，非关税壁垒高筑，大大阻碍了国际贸易的进行。同时，贸易结构不合理、贸易差额巨大等现象，都加大了贸易摩擦。为了达成贸易自由化目标，降低非关税壁垒、优化贸易结构、促进贸易平衡势在必行。而推进贸易自由化的合作领域主要集中在以下两个方面。

（1）降低非关税壁垒。乌拉圭回合谈判以后，世界各国的贸易关税都大大降低，但各类非关税壁垒却层出不穷，大大限制了国际贸易的进行。较之关税壁垒而言，非关税壁垒往往有更强的隐蔽性与歧视性，其效果也较关税壁垒更为直接，所以日渐成为贸易保护措施的重要手段。而技术性贸易壁垒覆盖产品范围广、隐蔽性好，在近年来更是迅速增长。其中，向WTO通报的技术性贸易措施的数量在2012年达到2216条，是2001年的近四倍。非关税壁垒已经大大阻碍了国际贸易，以中国为例，据商务部发文，国家质检总局开展的调查结果显示，2012年，我国约有23.9%的出口企业受到国外技术性贸易措施不同程度的影响，导致全年出口贸易直接损失685亿美元，直接损失额占同期出口总额的

3.34%。而从出口地区来看，欧盟实施的技术性贸易措施对我国企业出口影响最大，因之产生的直接损失占全年直接损失总额的32.6%。为了发掘地区贸易潜力，丝路沿线各国宜加强海关合作、降低通关成本，“降低非关税壁垒，共同提高技术性贸易措施透明度，提高贸易自由化便利化水平”。

（2）优化贸易结构。贸易结构不合理，是困扰中国等发展中国家的一个巨大问题，也是贸易摩擦的诱因之一。发展中国家大量出口劳动密集型、资源密集型产品，而在资本密集型或者资本技术密集型产品上缺乏竞争力。以中国为例，中国的出口产品结构并不合理，在服务贸易上发展缓慢，而在加工贸易品上又过度集中，且部分产业如轻工业的外贸依存度过高，这不但阻碍了一国经济持续健康发展，还很容易招致贸易摩擦。基于此，“一带一路”建设应“拓宽贸易领域，优化贸易结构，挖掘贸易新增长点，促进贸易平衡”。

59. 如何通过投资便利化促进"贸易畅通"？

投资便利化是贸易畅通的另一重点。与传统的贸易合作模式相比，投资合作对成员方当地市场的冲击较小，并且不仅能通过产业转移、反向技术溢出、产业关联等效应带动当地产业发展、转型升级以及就业，改善当地生活环境以及产业环境，还能促进贸易发展，拓展成员方之间的贸易合作。而现今跨国投资的障碍主要集中在两方面：一方面是缺乏足够有效的双边投资保护协定，以及由各国税制、税法区别所产生的国际双重征税问题。另一方面是投资壁垒，主要可分为准入壁垒、经营壁垒与退出壁垒三种。而投资便利化也应首先从这两方面着手。

（1）加强双边投资保护协定。双边投资保护协定一般包含了投资的准入、待遇、争端解决机制等一系列重要条款。但目前，发达国家在双边投资协定制定中存在更多的谈判经验和资源优势，发展中国家在缔结协定中存在一定的劣势，如何在寻求外资进行开放的过程寻找合理的平衡，为权利的维护和争端的解决奠定基础，是现阶段发展中国家所要注意的重要方面。由此加强双边投资保护协定，应该作为投资便利化的另一个重点。而国际双重征税对于跨国投资或者跨国企业无疑是一种巨大的赋税压力，增加了跨境投资失败的风险。

（2）消除投资壁垒。发展中国家往往通过国家法律法规，直接限定某些领域为限制或禁止外商投资，同时，也会采取限制外资持股比例或设置当地人员雇佣壁垒等。而发达国家在投资壁垒的设置上则显得较为间接，例如美国，常常以国家安全为由对外资企业进行严格的国家安全审查，从而间接地限制了外商投资进入。投资壁垒的产生很大一部分原因是投资保护主义，但还有部分是由于某些外资企业过于追逐短期利益，罔顾当地风俗习惯，破坏当地生态环境，未能尽到相关社会责任，引发东道国民众不满，最终使得东道国设置投资壁垒。针对这种情况，“一带一路”建设应“促进企业按属地化原则经营管理，积极帮助当地发展经济、增加就业、改善民生，主动承担社会责任，严格保护生物多样性和生态环境”。

60. 如何理解“资金融通”的内涵?

金融与经济，正好比一枚硬币的两面。经济的稳定能够促进金融发展，良好的金融环境又能够促进资金在不同地区、产业间合理流动，优化资源配置，提高资源利用效率，为经济发展提供强大的资金支持。

资金融通就是“一带一路”沿线国家开展金融合作的过程，它是一个广泛的概念，包含了金融发展与金融风险管控两大主题。金融发展既能为设施联通的顺利开展提供资金保障，又能为贸易畅通扫除障碍，更重要的是，良好的国际金融合作体系的建立还能为“一带一路”沿线国家的经济发展注入活力。正因如此，资金融通是“一带一路”建设的重要支撑。而金融风险管控作为资金融通的另一主题，其重要性同样不可忽视，亚洲金融危机与美国次贷危机，让全世界都了解了金融风险累积、爆发后所能产生的毁灭性后果，在与沿线各国开展金融合作的同时，必须严格管控金融风险，才能保障“一带一路”良好与平稳的发展。

同时应“深化金融合作，推进亚洲货币稳定体系、投融资体系和信用体系建设”，并且“加强金融监管合作”。这既是金融发展的要求，又是管控金融风险的要求，同时也点出了资金融通的实施重点：一是要建立亚洲货币稳定体系，二是要建立良好的投融资体系，三是要建立合理的信用体系与金融监管体系。其中，货币体系作为现代金融体系的基础，在金融的稳定与发展中起到了基础性的作用。与欧洲等发达地区不同，亚洲地区缺乏稳定的货币体系，这无疑妨碍了国际金融合作的开展，因此，建立亚洲货币稳定体系是开展金融合作的前提条件，更是资金融通的基础。而金融发展的永恒主题，在于服务实体经济发展，而良好的投融资体系便是将资金合理配置于实体经济的关键所在，所以，投融资体系是资金融通的核心。在开展国际金融合作的同时，还必须时时注意与防范金融风险，避免金融危机在国际传递，这就内在地要求“一带一路”沿线国家在开展金融合作的同时，需建立起合理的信用体系“加强金融监管合作”，为资金融通保驾护航。

Q 61. 如何建立良好的投融资体系?

资金融通的主要任务是服务实体经济发展，良好的投融资体系便是将资金合理配置于实体经济的关键所在，因此，建立良好的投融资体系是资金融通的核心。不同的投融资方式，有不同的特点，为了资金融通的实效性，建设投融资体系时应使注融资渠道多样化。

一方面，应该与"一带一路"沿线国家一道，推动区域内多边开发机构的建立。在建设过程中，应结合现有的金融合作体系，"深化中国—东盟银行联合体、上合组织银行联合体务实合作"，努力推进亚洲基础设施投资银行、金砖国家开发银行筹建，为"一带一路"建设提供资金支持。同时，"加快丝路基金组建运营"，努力形成融资成本较低、操作灵活、渗透性强的投融资模式。

另一方面，应大力推动债券市场的开放与发展。债券融资虽然面临着更多的融资约束和更为严格的审核制度，但其拥有较低的融资成本，且债券融资一次募集的资金量大，有着其他融资方式所难以比拟的规模优势。相对于欧美发达国家的投融资体系，亚洲地区的融资中债券融资比重要低得多，同时亚洲债券市场发展还很不完善。首先，亚洲债券市场存在着严重的地区分割，无法发挥债券融资的规模优势。其次，作为亚洲主要货币之一的人民币，其所对应的人民币债券的国际化程度很低，未能充分发挥在亚洲债券市场中的支撑作用。针对这两个问题，《愿景与行动》提出，“推动亚洲债券市场的开放和发展”，同时“支持沿线国家政府和信用等级较高的企业以及金融机构在中国境内发行人民币债券，符合条件的中国境内金融机构和企业可以在境外发行人民币债券和外币债券，鼓励在沿线国家使用所筹资金”。

除了要与“一带一路”沿线国家建立良好的投融资体系之外，还应“充分发挥丝路基金以及各国主权基金作用，引导商业性股权投资基金和社会资金共同参与‘一带一路’重点项目建设”。这意味着“一带一路”的资金融通建设是开放性的构架，其所倡导的投融资体系并不拘泥于多方机构与债券市场，更欢迎各种类型的基金与社会资金参与其中。所以，“一带一路”投融资体系的建立还应注意以目标协调为主，秉承开放合作的原则，为各类基金与社会资金留出参与空间。

62. 为什么要建立亚洲货币稳定体系？

货币是现代经济、金融活动的基础，全球有200种左右的货币，大多数国家都愿意拥有自己的货币，这不但是一种政治象征，更使得政府拥有了一类宏观调控的手段。但不同的货币之间，具有不同的汇率，而汇率的混乱则为国际贸易等跨国经济活动造成了巨大的障碍。国际货币体系正是在这样的背景下应运而生的。

国际货币体系大致经历了金本位制、布雷顿森林体系、牙买加体系三个大时期。金本位制在国际货币体系中实行了大约100年，其固定汇率制度，有利于国际货币间汇率的稳定，但由于黄金的产量增加难以匹配生产总值的快速增长，而一定时间范围内的黄金储备也并不能合理地分配，最终金本位制随着第一次世界大战而破灭。“一战”后，国际货币体系上曾经出现过金汇兑本位制，不过也是昙花一现，随着第二次世界大战的爆发，国际货币体系又陷入了混乱之中。“二战”后，西方主要发达国家在美国布雷顿森林建立了以美元为中心的“布雷顿森林体系”。布雷顿森林体系中，美元直接与黄金挂钩，而其他各国货币则与美元挂钩，采取可调整的固定汇率制度，这一度为战后世界经济复苏发挥了巨大作用。但战后货币体系的核心——“两个挂钩”，存在着内在的、不可解决的矛盾，即特里芬两难。而由此所诱发的多次“美元危机”，也最终导致了布雷顿森林体系的坍塌，国际货币体系开始了向浮动汇率制的转变。1976年，国际货币基金组织（IMF）理事会达成了“牙买加协议”，象征着新的国际货币体系——牙买加体系的诞生。但是牙买加体系也有其固有的缺陷，其中最重要的就是浮动汇率制带来的汇率剧烈波动，极大地增加了国际经济活动中的汇率风险。与有足够经济与金融实力的发达国家不同，浮动汇率制对于缺乏足够成熟、完备金融体系的发展中国家的负面影响更为显著。例如1997年席卷亚洲的金融危机，正是由泰国政府宣布放弃固定汇率制，实行浮动汇率制引起的。

“一带一路”的覆盖区域中，欧洲发达国家已经拥有了较为合理的货币体系。而反观亚洲，发展中国家占据了相当大的比例，同时又缺乏相对完善而稳定的货币体系。高企的汇率风险，会大大降低亚洲沿线国家参与“一带一路”建设的积极性。因此，“扩大沿线国家双边本币互换、结算的范围和规模”，建立合理稳定的亚洲货币体系、推进人民币国际化以及人民币自由兑换进程势在必行。目前中国已成为世界最大的出口国以及第二大经济体，将人民币特别提款权纳入IMF一篮子货币理所应当，如若实行，人民币的国际地位将面临质变。与此同时，人民币结算的贸易额占中国全部贸易额的比重已经超过13%，日均交易额占全球交易总额的2.2%。据环球银行金融电信协会（SWIFT）统计，2014年12月，人民币成为全球第二大贸易融资货币、第五大支付货币、第六大外汇交易货币。

通过“一带一路”建设，带动人民币“走出去”，加快人民币国际化以及人民币自由兑换进程。

Q 63. 如何让“一带一路”沿线国家对中国文化加深理解，如何使中国民众加深对“一带一路”沿线国文化的理解？

不同文化的彼此理解，不应只是中国文化的单向输出、展示推广，让他国配合中国、了解中国，而是在不同文化的相遇中实现文化间的理解、包容、共存，所谓“和而不同”。具体到每一个国家的文化，其内容既包括它的过去，又包括它的当下；当下又包括日常生活、国家制度、风俗传统、语言文字、宗教信仰等多个方面。

从目前的民心相通的实践来看，促进国外对中国文化的理解是国家投入的重点，例如目前我国在海外开办的四百多所孔子学院，文化部在海外建设的二十多个中国文化中心，以及在其他国家举办的“中国文化年”活动，都属于这一类，它们对于改善中国在海外的形象做了很多工作，不过也面临着如何提升内涵，以哪些中国文化打动海外人士的课题，而不应该仅仅停留在表演、展示的层面。但是，仅仅重视前者，仍不足以实现民心相通，理解"一带一路"沿线国的文化更加重要。

如何加强对沿线国家文化的理解呢？走出去和请进来两种方式都不可缺少。首先，我们可以走进这些国家，实地了解这些国家的文化。目前迫切需要的是，加大力度支持相关高校、科研机构的研究人员、学生直接走进沿线国家进行深度的文化人类学研究。它有两个维度，一个是当下视角，一个是历史视角。就前者来说，需要熟知对方的语言，深入该国百姓生活，进行研究与文化写作，从细节上把握所在国的民心。第二类则是从沿线国的历史及传统着手，对其沉淀为现实生活的文化构成进行深度解读，其中包括各种非物质文化遗产、文化记忆、文化历史思维，等等。这两类研究产生的是第一手的、细节化的知识，出版成书籍后，既有助于派驻这些国家的商务人员和员工深度了解这些文化，也有助于开阔国内民众对世界的认识。请进来是指，可以邀请这些国家的各个领域的相关人士来中国进行人文交流，这种交流不只是在沿线国人民与中国人民之间，也包括在沿线各国人民之间展开。

Q 64. 如何实现中国民众和“一带一路”沿线国家之间的文化沟通?

对彼此文化的理解是顺畅沟通的前提。没有对他国文化的理解，沟通势必困难重重。

文化沟通包括人与人之间的沟通与借助媒体的跨文化传播两个方面。首先，民心相通必然要落实在各种各样的人际交往与互动中，落实在海外工程建设、商贸投资、外交、休闲旅游、移民、跨国婚姻等具体活动中。这不仅意味着加强与一带一路沿线国的人文交流，更意味着要在民心相通的高度去把握各种领域、各种群体的交往。比如海外的华人华侨所带来的文化沟通便是典型案例。文化沟通的另一个方面是对各国媒体的深入了解与研究，以形成有效的基于沿线国的跨文化传播。它与传统的中国文化对外传播不同，这是基于对沿线国媒体特点的研究，旨在促成各国之间的媒体的交往。

顺畅的文化沟通，一定要在有所准备的情况下进行，各种跨文化沟通和能力的教育与培训是应有之义，我们需要形成行之有效的对相关派出人员（尤其是派驻海外的人员）进行培训的课程与教育的机制，并能实质性地为对外交流的企事业员工进行针对性的培训。对于派驻“一带一路”沿线国家的企事业员工、外交官等尤其如此。政府可以选择一些有基础的高校，设立跨文化沟通的培训基地。巴基斯坦驻上海领事馆的领事法哈特（Farhat Ayesha）女士曾建议：“送公司、员工到国外之前，中国政府应该培训他们，让他们尊重所在国的文化。他们每个人就是中国的形象。中国应该认真地思考这个问题，使中国人为全球化做好准备。”

Q 65. 政府可以为民心相通的实现做些什么？

“一带一路”倡议的推进，是一个中国与沿线国家打造“命运共同体”的进程，必然要求政府在战略高度重视沿线国家的民意基础。民心相通的实现，仅仅依靠传统的公关外交是不够的。有必要站在跨文化的角度对人类共同的民心义理与各国特殊的民心土壤做深入的剖析，并在此基础上推动一系列公共外交的创新。这种公共外交应以加强沿线国民意基础、促进民心相通为目标，它依靠的是渗透式的文化外交以及人民之间的往来，它要求在“一带一路”倡议的推进中更加重视人文交流，更重视包括商界、非政府组织、媒体、大学、智库、普通公众等多方面力量的共同参与。政府有必要制定可以落实的新型公共外交战略，动员各种民间力量共同参与，并推出支持政策、支持平台等。例如：

选择若干具有前期基础的高校，设立若干跨文化沟通的培训基地，形成外交人员、派驻海外的企业商务人员、工人、导游的跨文化培训机制和培训体系。

加大支持力度，鼓励高校在考古援助、文化遗产、历史等多方面与沿线国家高校形成合作平台，共同挖掘沿线国长期被西方中心主义思维排挤、压制的记忆与文化。

加大对高校人文社会科学研究的支持力度，加强国别区域研究，派出研究团队深入不同的沿线国家进行民族志田野研究，出版一系列基于文化深度描写的学术专著、教材、案例等，着力推进中国与沿线国，以及沿线国人民之间文化的深度理解与沟通，并对沿线国具有文化特殊性的民心土壤进行全面、深入的研究。

鼓励高校设立若干科研平台，将分散在全国各高校、科研院所的对沿线国家进行研究的人才整合在一起，形成对“一带一路”沿线国家研究的人才库。

创立平台，将长期在沿线国家生活，具有交流经验的华侨，以及在中国生活的沿线国的民众，作为人脉吸收到“一带一路”的建设中来。

实现民心相通的主力其实在民间。它涉及企业商务、教育、媒体等各类民间主体。每个领域里如何实质性地促进民心相通，都需要深入思考，都有大量的事情要去落实。

第七章 机制平台

66. “一带一路”倡议在推进的过程中是不是要特别重视各个大国的作用?

“一带一路”倡议是中国发起的，但是并非中国一个国家就可以做得好，需要沿线国家的密切合作，共同奋斗。这个过程中应该主动与各个国家的发展战略对接，尤其要重视与各个大国的协商。主要大国和地区可以发挥重要的作用。从中国自身来说，作为倡导方，中国发布了《推动共建丝绸之路经济带和21世纪海上丝绸之路的愿景与行动》，全面阐释了中国关于“一带一路”的立场、目标和行动规划。通过现有的双边多边机制与各国频繁互动，共同搭建国家间合作平台。目前国内各个省市在制定可以与“一带一路”倡议对接的发展计划。同时中国还积极推进交通网络建设，推动信息公路建设，为实现区域内互联互通积极准备。

俄罗斯在中亚地区影响力非常大。目前俄中两国就“一带一路”已经开展了多轮磋商，内容包括交通、能源、电力、区域合作和金融等，双方致力于推动俄罗斯主导的区域合作组织“欧亚经济联盟”和“一带一路”的对接。

2014年12月，中哈双方签署了《中华人民共和国国家发展和改革委员会与哈萨克斯坦共和国国民经济部关于共同推进丝绸之路经济带建设的谅解备忘录》；吉尔吉斯斯坦也对“一带一路”倡议表示了支持；2014年8月，乌兹别克斯坦愿积极参与中方建设丝绸之路经济带和亚洲基础设施投资银行的重要倡议，加快推进中—吉—乌铁路建设；2014年，中国与土库曼斯坦和塔吉克斯坦在首都北京签署了联合宣言，明确表示将共同推进丝绸之路经济带建设。2015年6月1日，中韩双方正式签署了协定，标志着中韩自贸区建设正式完成制度设计，即将进入实施阶段。

欧盟国家也对共同推进“一带一路”倡议表示了积极的态度。在亚投行57个创始成员国中，欧洲国家有18个，绝大多数是欧盟成员国。2015年6月6日，匈牙利与中国签署了《中华人民共和国政府和匈牙利政府关于共同推进丝绸之路经济带和21世纪海上丝绸之路建设的谅解备忘录》，成为首个与中国签署“一带一路”相关合作文件的欧洲国家。

这些成就的取得离不开区域内各个国家的相互协商。“一带一路”建设是沿线国家的交响乐，不是中国的独奏曲。美国、日本基于自身考虑没有对“一带一路”倡议积极回应，但未来“一带一路”建设依然欢迎这两个大国的参与。

Q 67. “一带一路”倡议对国际秩序有什么影响和新的思考?

从历史上看，国与国的竞争一直都存在，在很长一段历史时期中，国与国的竞争往往最终通过战争的方式来解决，一方所得就是另一方所失。按照胜者通吃的原则，胜利一方主导一切，一种不健康的心态也就由来已久：看不见别国的长处和优势，也见不得别的国家发展得好。强行推广自己的价值观和对世界各国的平衡战略引发了很多冲突，不利于和平也无助于发展。遗憾的是，这种思想还根深蒂固。

其实，随着人类社会的发展，国家之间的合作也越来越多，很多问题如反恐、气候变暖等都要靠所有国家的共同努力。随着经济全球化的深入，国与国之间早已形成了你中有我、我中有你的局面，零和博弈思维已经不合时宜。同时，人类文明的发展也对国家的发展和政府治理方式提供了更多的智力支持，全人类的共同发展应当成为各国共识。

中国通过“一带一路”展现了自己的“全球观”，对国际秩序的发展做出了新探索。各国共处一个世界，推动文明互鉴是解决全球发展面临的共同难题，让世界变得更加美丽、各国人民生活更加美好的必由之路。文明是多彩的、平等的，没有优劣之分，只有特色之别。“一花独放不是春，百花齐放春满园”，不同文明需要在平等对话中增进理解，在竞相展现中取长补短，在交流互鉴中共同发展。“一带一路”倡导树立人类命运共同体意识，以文明互鉴取代文明对抗、文明冲突，把世界的多样性和各国的差异性转化为促进各国共同发展的活力和动力，使文明之花成为增进人民友谊的桥梁、推动人类进步的纽带、维护世界和平的润滑剂。“一带一路”将推动各种文明交流交融、互学互鉴。

“一带一路”倡议把中国的发展化为世界的机遇。各国的共同发展和实现中华民族伟大复兴的中国梦交织在一起。中国坚持包容和谐、互利共荣，努力构建利益共同体、命运共同体、责任共同体，超越了民族国家和意识形态。这些体现了中国对全球治理的新思考，也将推动国际秩序的演进。

Q 68. 推进“一带一路”倡议应如何处理与美国、俄罗斯的关系?

美国是“二战”后世界秩序的主要缔造者，也是当今世界游戏规则的主要制造者。因此，中国如果要顺利推进

“一带一路”倡议的实施，就不能不处理好和美国的关系，把美国的反应和利益考虑在内。中国与美国需要跳出对抗这种“大国政治的悲剧”，在竞争中求合作，构建新型大国关系。

首先，必须明确“一带一路”倡议绝非与美国抢夺区域影响力。“一带一路”倡议是把中国的发展化作区域国家共同发展的机遇，通过区域国家共商共建，实现发展成果由沿线国家人民共享。“一带一路”倡议也不排斥区域外国家，而是以开放的精神展开与所有国家的合作，美国完全可以在其中找到自己的位置，在满足自身需要的同时为促进区域繁荣稳定做出贡献。开放合作、贸易自由，这是对现有国际秩序的认可和推动。

其次，构建新型中美关系。早在2012年2月，习近平作为时任国家副主席访美时，就第一次从战略的高度明确提出：中美两国应该构建前无古人、但后启来者的新型的大国关系。中国对外战略与政策的出发点和归宿，是维护世界和平、稳定、可持续发展，是努力为中国自身的发展，创造和平、稳定、友好、合作的外部环境。这一点，同以往任何所谓“新兴大国”，或者“后起的”帝国主义大国根本不同。中美关系的本质特征，不再是“你输我赢”的零和关系，而是互利共赢的关系。中美日益紧密的相互依存关系，以及在全球化潮流中共同面临的广泛挑战和共同利益，已经使中美双方形成某种程度上“一损俱损，一荣共荣”的关系。双方的共同利益远大于双方之间的分歧和矛盾。中美两国都需要一个持久和可预期的地区和平与稳定，都需要本地区的经济能够实现可持续发展与繁荣；中美两国自身的可持续繁荣，越来越依赖于亚太地区的可持续和平与发展。这两点根本性的共同利益，构成了中美两国求同存异、妥善管控分歧的基础。共建“一带一路”，合作的大门对美国也是敞开的。

俄罗斯既是横跨欧亚大陆的世界大国，也是中国的邻国。从2014年5月起，中俄关系已提升至全面战略协作伙伴关系新阶段。因此无论从地缘毗邻优势，还是两国政治互信优势来说，俄罗斯都是落实“一带一路”构想过程中最重要的国家之一。构建良好的中俄关系，必须明确共同发展的理念，推进具体领域的合作。

首先，“一带一路”倡议不谋求周边势力范围。“一带一路”倡议着眼于沿线国家的共同发展。2013年9月习近平主席访问中亚时提出“三不”政策，即决不干涉中亚国家内政、不谋求地区事务主导权和不经营势力范围，愿同俄罗斯和中亚各国加强沟通和协调，共同为建设和谐地区做出不懈努力。

其次，在共同发展的理念的基础上发展双边关系，共同推动“一带一路”区域内国家的发展。中俄互为最大邻国，同为新兴国家、转型国家，面临持续发展的艰巨任务，在国际事务中具有广泛的共同利益，在重大国际关系问题上理念相通。在中亚各国，俄罗斯倡导“欧亚经济联盟”，在经济上实行协调的经济和货币政策，实现高层次的一体化；中国倡导的“一带一路”则是要加强基础设施建设，实现“五通”，密切区域内的联系。着眼于区域共同发展，中俄双方可以实现包容互鉴、错位合作、平等互利、共谋发展的目标。

再次，优势互补，不断推进具体领域的合作。中俄在科技、能源、交通运输等领域可以进行深入合作。不论是中国还是俄罗斯，要实现经济转型、经济现代化与加快经济增长方式的转变，必须加速科技进步与提高企业生产技术的创新，中俄不同领域可以实现科技优势互补。俄罗斯能源资源丰富，中国能源需求日增；俄罗斯交通设施尤其是远东地区基础设施发展滞后，中国基础设施建设经验丰富可供分享，中俄双方可以进行互补合作。要推进中俄边界的毗邻区域建设，中俄两国毗邻区域间的合作是深化中俄关系的重要内容，也是两国将政治互信转化成务实合作的主阵地。

Q 69. “一带一路”的推进建设过程中，沿线国家媒体可以做些什么？民间组织可以做些什么？应该怎么做？

“一带一路”建设中沿线国家媒体的合作有广阔的空

间，而且变得非常迫切。首先，这是因为长期以来，西方媒体占据着国际媒体的话语权，中国和其他“一带一路”沿线国家的媒体长期处于弱势地位。这导致整个世界看待中国和其他沿线国家的方式由西方媒体背后的价值观所主导。其次，沿线国家相互之间除了西方媒体过滤后的信息之外，少有其他相互了解的途径。

面对这两种现实状况，国内媒体和沿线国家媒体合作的空间非常广阔，可以形成以下合作机制：首先，沿线国家媒体可以形成一个协同创新的平台，联合起来，自主发声，制衡西方媒体的强势话语。在这样一个平台上，各国可以互相学习彼此在国际传播上的经验，促进各国媒体策划团队的合作，实现“一带一路”媒体传播界的“大合唱”。其次，“搭建一带一路沿海国家优秀文化作品的传播和交流的平台，向海外输出中国优秀电视节目出版物、展览展会活动、戏剧演出等优秀文化的作品。同时，引进一带一路沿线国家优秀文化、创意合作的平台”。

社会组织在“一带一路”建设中可以扮演这样几个重

要的角色。首先，社会组织应该是“一带一路”建设的先行者。在投资之前社会组织要做大量的调研工作，要去探路，要去沟通，要去探讨是否可行。在这些任务中，社会组织可以起到非常重要的作用。其次，社会组织应该是“一带一路”建设的护航者。很多问题要防患于未然，可以依靠社会组织去沟通，去消除误解，去化解矛盾。最后，社会组织应该是“一带一路”建设的提升者。所谓提升，是将经济合作的成果提升到政治互信和社会互信的层面上。比如我们做了很多援建的工作，但是往往做工程的多，做社会工作的少，导致很多时候做了的事没有转化成社会认同。需要大量社会组织的工作，把“一带一路”建设的意义提升起来。

Q 70. “一带一路”的推进建设过程中，高校、智库可以做些什么？应该怎么做？

高校及智库在对外交流合作中有较丰富的经验，可以率先开展面向“一带一路”沿线国家的交流与合作。目前国内高校已有部分尝试，例如由西安交通大学发起的“新丝绸之路大学联盟”，来自22个国家和地区的近百所大学先后加入。联盟内部高校将共建教育合作平台，在校际交流、人才培养、科研合作、文化沟通等方面开展形式多样的友好合作。宁夏大学成立了国内首家阿拉伯学院，并举行了首期阿拉伯国家大使论坛，以构建中阿更高层面的合作。这些都是很好的尝试。未来希望有更多的高校，基于自身的办学特长，主动寻求与沿线国家高校的合作，创设更多的类似的平台。

在人才培养方面，高校可以结合自身优势，为“一带一路”建设培养人才。例如，加大投入，搞好“一带一路”沿线国家来华留学生的学位点建设，在沿线国家精英层培养更多“知华派”和“友华派”。国内北京大学、浙江大学等高校已经开设了面向亚洲国家的硕士点项目。未来在这方面，还有更多的事情亟待开展，例如鼓励更多高校设立更多类似的培养项目、面向华侨扩大生源、加强来华留学生和中国社会的互动，促进其对中国的深度了解等。

中国的智库“是以战略问题和公共政策为主要研究对象、以服务党和政府科学民主依法决策为宗旨的非营利性研究咨询机构”，共建“一带一路”，智库能够发挥重要作用：可以“加强与‘一带一路’沿线国家智库的交流，推动政策的沟通。与沿线国家智库开展涉及‘一带一路’的合作研究项目，通过人员交流增进相互了解，通过联合研讨凝聚各方共识，通过合作研究寻找利益切合点”，还可以“主动地解读‘一带一路’倡议，增进沿线国家民众对这一倡议的全面理解，将研究成果在社会和媒体上公开发表，对舆论发声，对社会发声，主动塑造积极友好的社会民意基础”。

Q 71. “一带一路”倡议是基于丝绸之路的历史记忆提出的，文化遗产界和旅游界可以做些什么？应该怎么做？

“一带一路”倡议是基于丝绸之路和海上丝绸之路的历史记忆提出的，“一带一路”上丰富的文化遗产在这一倡议的实施中必然占有重要地位。当前，国际文化遗产学界认识到，通过国家之间共同享有的遗产的交流、合作、管理，形成长久的合作机制，将有效地增进国家之间、地区之间的互信，扩大共同利益，形成有特色的外交。中国、哈萨克斯坦、吉尔吉斯斯坦联合申报的“丝绸之路”项目成功入选《世界遗产名录》，就是生动的案例。与其他人文交流方式相比，这样的合作机制是长久的，可谓“润物细无声”。

“一带一路”丰富的文化遗产一旦激活，将触动人心，影响当下。前中东特使吴思科以中东的卡塔尔和阿曼为例，建议要重视丝绸之路的文化符号。他说，卡塔尔外交大臣访华期间曾经对王毅外长说：“‘一带一路’的提出最容易拨动我们两国人的心弦。”阿曼则提出要在郑和下西洋时曾经七次到过的塞拉莱港建立一座郑和纪念园区。

文化遗产学界可以在以下几个方面，推进和“一带一路”沿线国家的文化遗产界合作，促进沿线国家相亲相知：和丝路沿线国家的文化遗产界、博物馆界合作，举办丝路遗产的联合展览；邀请丝绸之路沿线国外交官举办“丝绸之路文化遗产论坛”等；联合沿线国家学者，挖掘丝绸之路背后不同文明友好交往的历史，叙述出文化遗产背后的遗产意义。因为，正如习近平总书记所说：“对待不同文明，不能只满足于欣赏它们产生的精美物件，更应该去领略其中包含的人文精神。”

旅游界可以从以下几个方面形成合作机制和平台。各省市地区结合自身优势、资源，合理规划，以开放、合作、共赢的发展理念加强与沿线国的交流合作，形成合作联盟。丝绸之路文化遗产众多、民族文化多元、自然资源独特，这都是很好的旅游资源。可以通过互办旅游推广周、宣传月等活动，促进多方旅游客源互送，进一步推动旅游产业共赢发展；可以探索在陆上、海上旅游圈内便利简化签证手续；可以与东盟相关国家加强海上旅游合作，打造海上丝绸之路国际精品旅游线路。

Q 72. “一带一路”涵盖了亚洲、欧洲、非洲很多国家，如何形成合作？

有共同利益诉求就有了合作的前提。“一带一路”沿线国家数量众多，涵盖亚洲、欧洲、非洲很多国家，各国经济社会发展不同，文化理念各异，有许多不同的利益诉求，不过维护世界和平、促进共同发展是各国的共同主张，要合作就要求同存异，寻找各方的利益交集。

首先，要加强协商对话，主动寻求沿线国家合作共建“一带一路”的意愿。中国发布了《推动共建丝绸之路经济带和21世纪海上丝绸之路的愿景与行动》，全面阐述了中国关于“一带一路”的立场、目标和行动规划。中国要通过推进内外结合，与沿线国家一道，按照共商、共建、共享的原则，不断充实完善“一带一路”的合作内容和方式。

其次，“一带一路”倡议的推进需要良好的大国关系作为宏观层面重要保障。和平与发展是当今时代的主题，和平是推动发展的重要保障。推进“一带一路”倡议，实现共同发展的目标，离不开和平稳定的国际环境，良好的大国关系能确保国际环境的稳定和平。

沿线国家的合作如何落实呢？一定要有合作的载体。美好愿景，只有通过切实可行的实践，才能变成现实。

“一带一路”倡议的推进需要双边多边机制作为中观层面的条件，通过国与国之间、国家与地区之间的双边多边机制为国家合作做好引导和总体规划。如中国—孟加拉经贸联委会、中国—以色列技术创新联委会、中阿（阿根廷）农业联委会、中国斯里兰卡海洋领域合作联委会、中国—几内亚经贸混委会、中国—古巴政府间经贸混委会、中国—卢旺达经贸混委会等，在推动双边多边合作方面发挥了重要作用。

“一带一路”倡议的推进更需要建设各种平台作为微观支撑。微观平台是“一带一路”倡议能够落地生根，成长壮大的关键。如果说宏观层面上的大国关系是环境，中观层面的各种机制是方向和规划，那么微观层面的平台就是合作展开的舞台。今后应该以议题为导向，从双边到多边再到整个区域构建更多具体的合作平台，比如互联互通的交通网络、共享共担的资本平台、共建信息平台等。

Q 73. 现有的多边合作机制有哪些，具体在发挥什么作用？

随着经济全球化的发展，国家间交叉往来日益频繁，许多问题需要多国协调合作才能解决。以一定的运作方式把各国联系起来，使它们协调运行而发挥作用的多边机制应运而生，发挥着越来越重要的作用。

在“一带一路”沿线有许多的多边合作机制，如东盟（“10+3”）、APEC、海合会、亚信会议（CICA）、亚欧会议（ASEM）、上海合作组织、亚洲合作对话（ACD）、大湄公河次区域（GMS）经济合作、中亚区域经济合作（CAREC）等。这些多边机制成员数量多、空间分布广。通过这些多边机制，各成员国不仅在区域内展开合作，也推动了成员国作为一个整体与区域外国家的合作，对

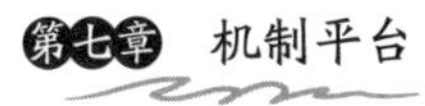

于促进各国共同发展有着重要影响。

APEC和东盟（“10+3”）具有典型性。APEC现有21个成员，遍及北美、南美、东亚和大洋洲，其中既有发达的工业国家，又有发展中国家。APEC讨论与全球和区域经济有关的议题，在促进区域贸易和投资自由化便利化方面不断取得进展，在推动全球和地区经济增长方面发挥了积极作用。

东盟不仅推动区域内各国的合作，也推动了成员国与中、日、韩三国的合作。东盟旨在共同努力促进本地区的经济增长、社会进步和文化发展，为建立一个繁荣、和平的东南亚国家共同体奠定基础，以促进本地区的和平与稳定。从20世纪90年代开始，东盟逐渐开展“外向型经济合作”形成了“10+1”、“10+3”等层次丰富的众多合作机制。“10+1”、“10+3”是指东盟10国分别与中国、日本、韩国3国（即3个“10+1”）以及和中日韩3国合作的机制。“10+1”和“10+3”合作机制以经济合作为重点，逐渐向政治、安全、文化等领域拓展，已经形成了多层次、宽领域、全方位的良好局面。“10 + 1”确定了五大重点合作领域，即农业、信息通信、人力资源开发、相互投资和湄公河流域开发。东盟（“10 + 3”）合作的重点领域是：经济、货币与金融、社会及人力资源开发、科技、发展合作、文化和信息、政治安全和跨国问题等八个领域。

在推进“一带一路”倡议的过程中，必须发挥好这些现有多边机制的作用，赋予其新使命，激发新活力。

Q 74. “一带一路”建设中与周边国家或地区的合作机制应该基于什么样的原则和理念？有哪些敏感核心问题？应该如何创新？

“一带一路”建设基本的原则包括五个方面：恪守联合国宪章的宗旨和原则、坚持开放合作、坚持和谐包容、坚持市场运作、坚持互利共赢。中国愿意与沿线国家一道，以共建“一带一路”为契机，平等协商，兼顾各方利益，反映各方诉求，携手推动更大范围、更高水平、更深层次的大开放、大交流、大融合。各国应不断充实完善“一带一路”的合作内容和方式，实现区域内国家和文明的互融共生。

虽然中国一再表示“一带一路”倡议是要把中国的发展，化为区域国家共同发展的机遇，使各国的共同发展与实现中华民族伟大复兴的中国梦交织在一起，但是仍然有种观点颇有市场，认为“一带一路”是中国应对美国重返亚太的“西进战略”，担心中国会凭借“一带一路”倡议实施地区霸权，挑战现有的国际秩序。因此，在这个过程中，国家主权和中国的角色是敏感而核心的问题。

认为主权的独立性和完整性会在“一带一路”倡议的推进过程中受到腐蚀，中国则通过翻版的“马歇尔计划”强化自己的影响力和控制力，这是典型的现实主义视角，是传统零和博弈思维的体现，是过于敏感的表现。

“一带一路”倡议从倡导到一步步推进，仍然以现有国际秩序为基础。“一带一路”倡议不会打破国界，而是在主权平等基础上实现共同发展，坚持市场机制和国际贸易通行准则，使市场发挥决定性作用，企业发挥主体作用，以此实现资源的优化配置，推动沿线国家的共生共荣。中国没有强制推广自己的发展模式和价值观念，而是倡导文明宽容，尊重各国发展道路和模式的选择，加强不同文明之间的对话，求同存异、兼容并蓄、和平共处、共生共荣。这是中国的新思考，也是对改进国际治理模式的有益尝试和探索。

对于中美关系而言，要在竞争中求合作，构建新型大国关系。“一带一路”倡议从提出到现在，都不是一个封闭的体系，而是本着开放合作的理念，欢迎各国的加入。美国同样可以在“一带一路”建设中发挥重要作用。

75. 推进“一带一路”倡议为什么要建设平台？现在有哪些平台？

各种平台可以为沿线国家合作提供载体，是推进“一带一路”倡议的微观支撑。微观平台是“一带一路”倡议能够落地生根、成长壮大的关键。

例如，以民心相通的实现为例，心意相通源于良好的沟通，良好沟通源于频繁互动。为了通过频繁互动达到良好沟通以实现“民相亲”的目标，就必须搭建各种平台让沿线各国企业、社会组织、普通民众进行交易、沟通、交流。

当前一些区域平台已经建立了起来，包括中国—东盟博览会、中国—亚欧博览会、中国国际投资贸易洽谈会，以及中国—南亚博览会、中国—阿拉伯博览会、中国西部国际博览会、中国—俄罗斯博览会等，它们对于“一带一路”倡议的推进发挥着重要作用。

沿线各国也新建了一些平台对接“一带一路”倡议。在过去一年多中阿双方提出了一些在基础设施建设和产能转移方面可以对接并取得早期成效的项目。科威特规划投资1300亿美元在其北部沿海地带建设一个以“丝绸城”命名的新区；阿曼规划的杜库姆经济特区包括港务、工业、物流、渔业、商业、休闲、旅游、教育八大区块；卡塔尔要建一个多哈新港区，并希望中国企业参与其中。

目前中国针对“一带一路”倡议的平台最多，形式多样。中国已经有四个自贸区，分别是上海自贸区、广东自贸区、天津自贸区、福建自贸区，构建了国内参与“一带一路”的经贸平台。

作为国内第一个自贸区，上海自贸区承载了更多改革空间。未来，自贸区将在更大的领域进行制度探索。

广东自贸区主打“港澳牌”，以深化粤港澳合作为重点，进一步推动粤港澳服务贸易自由化。之后可以继续扩展，拓宽参与海上丝绸之路的领域，深化参与程度。

天津自贸区服务京津冀一体化，涵盖天津港片区、天津机场片区、滨海新区中心商务片区。作为第二批自贸区中面积最大、北方首个自贸区，它的战略定位将挂钩京津冀协同发展，重点发展融资租赁业、高端制造业和现代服务业。

福建自贸区的三个园区分别位于福州、厦门和平潭综合实验区，作为大陆与台湾距离最近的省份，福建重点突出对接台湾自由经济区，与台湾深度合作。

第八章 各地优势

76. “一带一路”建设中西北地区如何定位?

发挥新疆的区位优势和向西开放重要窗口作用，将以“五中心、三基地、一通道”为核心，积极构建开放型经济体制，形成丝绸之路经济带上重要的交通枢纽、商贸物流和文化科教中心，打造丝绸之路经济带核心区。陕西位于丝绸之路经济带腹心地带，在“一带一路”战略下将通过建设中国与亚欧合作的承接点与聚合点，实现经济的协同转型发展。甘肃作为丝绸之路经济带中的重要西部省份，其突出的区位优势、特色产业优势、丰富的自然资源，为甘肃的经济转型和跨越式发展奠定了坚实的基础，未来将承担起丝绸之路经济带黄金段的定位。宁夏和青海作为我国少数民族聚集区，地处中国西部内陆，在“一带一路”战略下将加快发展步伐，努力建设成为丝绸之路经济带建设的战略支点和战略基地，实现经济的跨越式发展。

Q 77. 内陆地区如何参与“一带一路”建设?

内陆省市在“一带一路”战略下，应积极实现创新驱动产业转型发展。具体来看，内陆省市在构建开放型经济的过程中，应面向发展需求，积极推进信息化与工业化融合发展，通过鼓励产业做大做强的方式，培育世界级产业集群，推动产业链向高端跃升。在发展开放型经济的过程中，应进一步加大国际产业合作。通过吸引外商直接投资的方式，巩固深化经贸合作；同时积极促进跨国经营投资，强化国际经济联系，带动“一带一路”区域整体发展，推动产业多元化，促进产业结构平衡，实现区域共同受益。对于区域中心

城市，在“一带一路”战略下应进一步提升区域中心城市的城市能级，形成区域中心城市与城市群的协同转型升级，加快产业协作，加强城市群圈层、轴带发展，最终实现“一带一路”沿线城市群“中心—外围”经济架构下不同城市群的圈层、轴带发展与城市产业结构的协同转型。

Q 78. 东北地区如何参与“一带一路”建设？

东北既沿海又沿边，处于东北亚中心地带。东北亚地区作为仅次于北美和欧盟的世界第三大经济体，也是世界最具经济活力、发展最快、潜力最大的地区，面对东北亚经济发展的态势，东北三省的区位优势和战略地位更加突出。在中国东北部地区将完善黑龙江对俄铁路通道和区域铁路网，以及东北三省与俄罗斯远东地区陆海合作，推进构建北京—莫斯科欧亚高速运输走廊建设，加快建设“中蒙俄经济走廊”，加强对俄全方位交流合作。推动跨境通关、港口和运输便利化，开展俄远东港口陆海联运。继续推进图们江出海航行，向东南对接21世纪海上丝绸之路，辐射韩国、日本、东盟以及我国沿海省份，向西北打通“亚欧大陆桥”，横贯广袤的欧亚大陆。积极参与京津冀协同发展战略，不断深化环渤海地区合作。

Q 79. 西南地区如何参与“一带一路”建设?

西南地区处于西南南下出海通道的交通枢纽位置，是构建丝绸之路经济带的重要区域，也是连接丝绸之路经济带和21世纪海上丝绸之路的重要门户。充分发挥广西作为西南中南地区出海大通道和连接中国—东盟国际大通道、交流大桥梁、合作大平台的战略作用。云南积极参与孟中印缅经济走廊、大湄公河次区域经济合作，完善滇印滇缅合作。开发贵阳至新加坡、金边、内比都、万象等地的直飞航班，研究贵阳经南宁至凭祥快速铁路延伸至东南亚地区，建设沟通东南亚地区的运输通道和重要物流枢纽，打造贵阳内陆型经济开放高地，为“一带一路”建设提供战略支撑。推进西藏与尼泊尔等国家边境贸易和旅游文化合作，推动拉萨国际旅游城市、林芝生态旅游大地区建设，推进中尼跨境旅游区建设，将西藏打造成为世界级旅游胜地。

80. 沿海地区如何参与“一带一路”建设？

沿海地区具有开放程度高、经济实力强、辐射带动作用大的优势，同时也面临着经济结构转型和海外投资加快发展的新阶段。沿海地区以扩大开放倒逼深层次改革，创新开放型经济体制机制，加大科技创新力度，形成参与和引领国际合作的竞争新优势，成为“一带一路”特别是21世纪海上丝绸之路建设的排头兵和主力军。沿海地区应加快同东南亚的互联互通，推动产品结构升级，寻求与东南亚国家合作的新支点，加大经贸合作力度，以点带面形成海洋经济联动发展的新局面，促进东部地区转型升级，提升东部地区海洋经济竞争力。突出基础设施互联互通、经贸合作和人文交流，推进中国—东盟海上合作基金项目，探索建立沿线港口城市联盟。推动驻境外经贸代表处布局建设和发挥作用，重点推进与欧美等发达国家和新兴市场国家的经贸合作。加强自由贸易区制度创新，深化与“一带一路”沿线地区港口、口岸的合作，完善海陆联动的集疏运网络，发展海铁联运、海河联运、江海联运。推动境外经贸合作区和产业集聚区建设。推进与沿线国家在港口建设与海洋航运、海洋渔业、临港产业、海洋生态保护、海洋防灾减灾、海洋科技与人才教育等方面的合作，建设海洋经济合作示范区和海陆统筹发展试验区。

Q 81. 港澳台地区在“一带一路”建设中有何机遇?

香港是国际化大都市，是国际化的金融中心、贸易中心、航运中心、信息中心，同时东盟是香港的第二大贸易合作伙伴。香港在国际贸易与物流上具备天然的优势，是连接内地与海上的重要中转点，是21世纪海上丝绸之路的重要节点。构建以香港为基地的全球融资体系，通过加强与“一带一路”区内沿线国、区外国家的业务联动，通过与日本、韩国等东亚市场合作，以产业合作和贸易往来提升人民币作为区域贸易结算货币的地位，为俄罗斯、中亚等新兴市场提供项目融资。将香港的自由港与深圳的自贸区融为一体，最终共同形成一个面向21世纪海上丝绸之路的产融结合、互惠互利的海洋中心城市。

澳门可以发挥语言、人才、资金优势，协助中国企业拓展葡语国家市场。“一带一路”也将为其建设世界旅游休闲中心、中国与葡语国家商贸合作服务平台提供强大推力，有助于澳门实现经济适度多元化的目标。利用好与葡语国家的联系优势，积极发挥连接中国与各葡语国家间的平台、纽带和桥梁作用，重点推进与横琴、南沙两个自贸区的对接。

台湾位处海上丝绸之路起始的要冲地带，既可以和海峡对岸的福建自贸区建立区域合作伙伴关系，也可以深度连接珠三角和长三角，并在此过程中与大陆携手共同开拓国际市场。两岸经济优势互补，协调发展，合作共赢的机遇依然存在，潜力依然巨大。目前，不论大陆还是台湾，都不可能立于世界潮流之外，两岸应共同应对外部挑战，进一步加强两岸经济合作制度化建设，实现两岸资源优化配置，共同提升中华民族在全世界的竞争力。

Q 82. 如何发挥华人华侨在“一带一路”建设中的独特作用？

数千万海外华侨华人拥有巨大的人才、资本优势及成熟的商业网络，熟悉住在国的历史、民俗、语言、文化、社会和法律，具有融通中外的独特优势。同时，丝绸之路建设将为中国及相关国家，包括华侨华人提供难得的发展机遇。要充分利用华侨华人的独特资源，高度重视并充分发掘他们的潜力，支持他们成为“一带一路”战略的参与者、建设者和促进者；鼓励他们在实现自身发展的同时，为促进中国与住在国合作发挥自己的优势，实现双赢、多赢、共赢。发挥海外华侨华人资金、技术和社会影响优势，对于互联互通建设大有裨益；同时，加大对周边及丝路沿线国家涉侨工作的支持力度，推动丝路建设中华侨华人作用的研究，多做、善做华侨华人工作，通过华侨华人的力量，提高“一带一路”建设的效率和质量。完善相关贸易政策，营造良好的制度环境，鼓励和促进华商融入“一带一路”建设。另外，要维护侨胞在国内外的权益，要鼓励侨胞将自身事业发展同参与“一带一路”建设有效结合起来。增强华侨华人对“一带一路”战略的了解，动员其更多地参与进来；另一方面，以侨为桥不仅可以沟通中国与世界，也让海外华侨华人成为最积极推动侨务公共外交、人文交流的参与者。

第九章 合作成效

Q 83.《愿景与行动》提到的习近平主席、李克强总理等国家领导人先后出访20多个国家，具体指哪些国家？

自“一带一路”战略提出以来，习近平主席、李克强总理等国家领导人先后出访了20多个国家，包括文莱、泰国、越南、俄罗斯、荷兰、法国、德国、比利时、英国、希腊、韩国、蒙古国、塔吉克斯坦、马尔代夫、斯里兰卡、印度、缅甸、澳大利亚、新西兰、斐济等。

根据《愿景与行动》，丝绸之路经济带包括三个重点畅通区域：中国经中亚、俄罗斯至欧洲；中国经中亚、西亚至波斯湾、地中海；中国至东南亚、南亚、印度洋。21世纪海上丝绸之路包括两个重点方向：中国沿海港口过南海到印度洋，延伸至欧洲；中国沿海港口过南海到南太平洋。由此，上述20国基本处于“一带一路”沿线。文莱、泰国、越南、缅甸既处于丝绸之路经济带三大重点畅通区域之一，又处于21世纪海上丝绸之路重点方向。荷兰、法国、德国、比利时则处于丝绸之路经济带另一头发达的欧洲经济圈。俄罗斯、蒙古国及塔吉克斯坦处于丝绸之路经济带重点畅通区域的重要节点。澳大利亚、新西兰及斐济处于21世纪海上丝绸之路南太平洋的重点方向。马尔代夫、斯里兰卡、印度及希腊则处于丝绸之路经济带与21世纪海上丝绸之路交汇处。

Q 84. 习近平主席在加强互联互通伙伴关系对话会上的讲话对共建“一带一路”有何深刻意义?

习近平主席在加强互联互通伙伴关系对话会上发表了题

为《联通引领发展，伙伴聚焦合作》的重要讲话，该番讲话对共建“一带一路”具有深刻意义：

（1）“一带一路”需加速互联互通建设。习近平主席在讲话中指出，共建“一带一路”与互联互通相融相近、相辅相成，如果将“一带一路”比喻为亚洲腾飞的两只翅膀，那么互联互通就是两只翅膀的血脉经络。“一带”是从中国向欧亚大陆腹地及西部延展，“一路”是从中国向太平洋和印度洋延展，“一带”与“一路”对接，形同雄鹰展翅，而这个大战略需要互联互通的有力支撑。

（2）为“一带一路”及互联互通贡献中国力量。习近平主席提出了深化互联互通的一系列措施，这些措施凸显了中国贡献的力量：中国将出资400亿美元成立丝路基金；在推进“一带一路”建设中优先部署联通中国和巴基斯坦、孟加拉国、缅甸、蒙古国、塔吉克斯坦等邻国的铁路、公路项目；未来5年，中国将为周边国家提供2万个互联互通领域的培训名额，帮助周边国家培养自己的专家队伍等。习近平主席表示，中国愿意通过互联互通为亚洲邻国提供更多公共产品，欢迎大家搭乘中国发展的列车。

（3）五点建议凸显互联互通新图景。习近平主席在讲话中提出了深化“一带一路”合作的五点建议，即以亚洲国家为重点方向，率先实现亚洲互联互通；以经济走廊为依托，建立亚洲互联互通的基本框架；以交通基础设施为突破，实现亚洲基础设施的早期突破；以建设融资平台为抓手，打破亚洲互联互通的瓶颈；以人文交流为纽带，夯实亚洲互联互通的社会根基。这五点建议既有全面规划，又突出重点，且具操作性。一个全方位、立体化、网络化的大联通呼之欲出。

（4）亚洲的前途在于联合。习近平主席在讲话中指出，面对结构调整和改革创新的世界潮流，亚洲国家必须积极作为，在亚洲资源、亚洲制造、亚洲储蓄、亚洲工厂基础上，致力发展亚洲价值、亚洲创造、亚洲投资、亚洲市场，联手培育新的经济增长点和竞争优势。只有扩大互联互通，实现区域一体化，才是振兴亚洲经济发展的唯一出路。经济全球化和区域经济一体化，是21世纪的时代大潮，互联互通的背后，是荣辱与共的亚洲命运共同体。

Q 85. 中阿合作论坛第六届部长级会议就推进中阿共建“一带一路”达成了哪些共识?

中阿合作论坛第六届部长级会议于2014年6月5日在北京人民大会堂举行。这次会议的主题为：建设现代丝绸之路，促进中阿共同发展。会议全面回顾了过去十年中国和阿拉伯国家关系的发展，总结其中的成功经验，并对未来十年中阿关系发展的重点方向和优先领域做出了规划，特别是就中阿合作共建“一带一路”达成了共识。

（1）中阿共建“一带一路”应坚持共商共建共享原则。习近平指出，共商，就是集思广益，好事大家商量着办，使“一带一路”建设兼顾双方利益和关切，体现双方智慧和创意。共建，就是各施所长，各尽所能，把双方优势和潜能充分发挥出来，聚沙成塔，积水成渊，持之以恒加以推进。共享，就是让建设成果更多更公平惠及中阿人民，打造中阿利益共同体和命运共同体。

（2）中阿共建“一带一路”，既要登高望远，也要脚踏实地。登高望远，就是要做好顶层设计，规划好方向和目标，构建“1＋2＋3”合作格局。习近平指出，“1”是以能源合作为主轴，深化油气领域全产业链合作，维护能源运输通道安全，构建互惠互利、安全可靠、长期友好的中阿能源战略合作关系。“2”是以基础设施建设、贸易和投资便利化为两翼，加强中阿在重大发展项目、标志性民生项目上的合作，为促进双边贸易和投资建立相关制度性安排。“3”是以核能、航天卫星、新能源三大高新领域为突破口，努力提升中阿务实合作层次。双方可以探讨设立中阿技术转移中心，共建阿拉伯和平利用核能培训中心，研究中国北斗卫星导航系统落地阿拉伯项目。脚踏实地，就是要争取早期收获。只要中阿双方有共识、有基础的项目，如中国—海湾阿拉伯国家合作委员会自由贸易区、中国—阿联酋共同投资基金、阿拉伯国家参与亚洲基础设施投资银行筹建等，都应该加快协商和推进，争取尽早取得成果，充分调动各方积极性，发挥引领示范效应。

Q 86.《愿景与行动》提到的与部分国家签署了共建“一带一路”合作备忘录及与一些毗邻国家签署了地区和边境合作的备忘录，这些备忘录的性质如何？

备忘录的性质取决于备忘录的内容与形式，通常可归纳为以下三种：第一，如备忘录内容是记录或确认协商过程的相关事实，当备忘录具有证据的形式要件，符合证据的真实性、关联性与证明力要求，则该备忘录具有证据性质。第二，如备忘录体现签署各方的一致意思，且各方明确表示受其意思约束，同意创设法律上的权利义务关系，那么一旦备忘录符合合同的生效条件，就可认定备忘录具有合同性质。第三，如备忘录内容表明，各方签署备忘录的目的既不是创设法律上的权利义务关系，也不是确认相关事实，那么备忘录既不属于证据，也不属于合同，仅属旨在相互交流的意思表达，不产生要求各方信守承诺的法律后果。

在外交实践中，常见的备忘录类型有谅解备忘录与合作备忘录。谅解备忘录一般只就其关系的某一方面达成谅解，不创设一项具体权利义务，因此通常也被描述为“君子协定”。合作备忘录通常用于说明某一问题在事实上或法律方面的细节，或明确外交会谈中的谈话内容；陈述、补充自己的观点，或反驳对方的观点。

中国与塔吉克斯坦、哈萨克斯坦、卡塔尔等国签署的共建“一带一路”合作备忘录，基本属于具有法律效力的双边协议。而与科威特签署的共同推进丝绸之路经济带与丝绸城合作的备忘录及与俄罗斯签署的地区合作和边境合作的备忘录，因其多表现为谅解备忘录，属于“君子协定”范畴。

Q 87.《愿景与行动》提到加强与沿线国家在八大领域的沟通磋商，在该八大领域中哪几个为重点领域?

中国与沿线各国在基础设施互联互通、产业投资、资源开发、经贸合作、金融合作、人文交流、生态保护、海上合作等八大领域加强沟通磋商，其重点领域为基础设施互联互通与金融合作。基础设施互联互通为“一带一路”建设奠定了坚实基础，金融合作则为“一带一路”建设提供了重要保障。

目前，在基础设施互联互通方面，中国正在极力推进。中国—俄罗斯同江铁路桥开工建设；中国—巴基斯坦喀喇昆仑公路二期升级改造成功；瓜达尔港东湾快速路建设顺利进行；中缅天然气管道建成，中国—中亚天然气管道C线投入运营、D线开工建设；新亚欧大陆桥、中国—新加坡经济走廊、孟中印缅经济走廊等骨干通道雏形初露；国家电网首个特高压海外工程——巴西特高压直流工程也正在加快建设。在金融合作方面，中国积极推动人民币跨境结算、规划区域金融中心，加快在沿线国家设立金融分支机构，推动筹建亚洲基础设施投资银行，发起设立规模400亿美元的丝路基金，新批6家沿线国家合格境外机构投资者（QFII）资格。

Q 88. 中国倡议筹建亚洲基础设施投资银行主要有哪些考虑？

2013年10月，习近平主席和李克强总理先后出访东南亚时提出了筹建亚投行的倡议。亚投行倡议的提出兼具中国考量与世界意义。亚投行的筹建为“一带一路”战略的实施提供了重要的金融支撑，使“一带一路”建设更具操作性及务实性；亦助推了中国新一轮的对内改革和对外开放，以确保中国宏观经济的可持续发展。

然而亚投行筹建的世界意义更值得关注。近年来，作为当今世界最具发展活力和潜力的地区之一，亚洲经济总体发展较快，区域财经合作不断深入，但在发展中也面临不少挑战，特别是新兴市场和发展中国家的基础设施还不发达，融资需求巨大。在现有多边开发银行资金有限而本地区不少国家自身储蓄率又比较高的情况下，亚洲有必要、有条件探讨搭建新的地区性投融资平台，动员更多资金进行基础设施建设。这对于不同发展阶段的国家是多赢选择。对于本地区发展中国家可加强基础设施建设，保持经济持续稳定较快发展；就本地区整体而言可加快互联互通，不断增强自我发展能力，为经济发展注入持久动力；对于发达国家能够扩大投资品需求，拉动其经济复苏；对于全球而言也有利于扩大全球总需求，促进世界经济复苏。因此，中国倡建亚洲基础设施投资银行是有利于各方的多赢之举，并将在筹建过程中不断发挥建设性作用，这是中国更多承担国际责任、促进亚洲地区团结合作、互利共赢和共同发展的重要行动。

Q 89. 亚洲基础设施投资银行面临的挑战有哪些?

作为中国主导发起的亚洲区域多边开发机构，亚投行重点支持亚太地区发展中国家的基础设施建设，对中国及亚洲各国的发展具有重要意义，但亚投行依然面临不少的挑战和困难。

（1）亚投行的定性。中国在提出创建亚投行之初就强调，亚投行是多边商业银行，而非发展援助机构，这也意味着亚投行要追求一定的投资回报。但一般而言，基础设施建设周期长、融资额度大、盈利困难。特别在当前亚太地区地缘政治经济风险突出的情况下，相关国家的基础设施投资建设项目面临越来越多的困难。如果只将收益回报作为主要考虑因素，亚投行开展投资会更为谨慎，这也将导致一些不发达国家更难获得投资，与中国发起设立亚投行的初衷相悖。

（2）亚投行的决策机制。亚投行股权由成员国根据各自GDP规模按比例分配。中国作为世界第二大经济体，自然成为亚投行第一大股东。但由于亚投行是国际多边组织，又有理事会、董事会和管理层三层治理结构，中国也很难一家独大。从以往经历看，中国参与此类国际多边金融机构并不算成功。中国一度对组建“金砖银行”热情很高，但由于金砖各国在资金分配、总部位置、领导层人员等问题上迟迟难以达成共识，中国也渐渐失去了对“金砖银行”的兴趣，主要精力转向筹组亚投行。因此，如果亚投行组建运行中再遇到阻碍，中国也可能将更多精力投向“丝路基金”，这是一个中国主导的、服务于“一带一路”倡议的双边投资机构，中国对其有更好的掌控。

（3）亚投行融资模式。亚投行尚未形成固定的融资模式，中国可以动用外汇储备或发行特别国债为亚投行项目融资，但亚投行的其他成员国却很难有这样的财政灵活度。尽管同业拆借、PPP等都有可能成为亚投行的融资模式，但由于缺少有力的信用评级和贷款担保制度，亚投行未来的融资可能会遇到一定阻碍。

Q 90. 亚洲基础设施投资银行与其他国际经济组织的关系如何?

目前，在国际上发挥重要作用的国际经济组织，主要有以美国为主导的国际货币基金组织、世界银行及以美日为主导的亚洲开发银行。国际货币基金组织的主要职责是监察货币汇率和贸易情况，为各国提供技术和资金支持，确保全球金融制度运作正常。世界银行的使命是帮助在第二次世界大战中被破坏国家进行重建，主要任务是资助国家克服穷困。亚洲开发银行的宗旨是通过发展援助帮助亚太地区发展中成员消除贫困，促进亚太地区的经济和社会发展。

亚投行作为新的区域多边开发银行，其设立的初衷是向亚洲国家的基础设施建设提供资金支持，与现有多边开发银行的业务领域虽有重合但各有侧重。亚投行专注于亚洲基础设施建设，促进区域互联互通和经济合作，现有的世界银行、亚洲开发银行等多边开发银行则以减贫为宗旨。在亚洲基础设施融资需求巨大的情况下，由于定位和重点业务不同，亚投行与现有多边开发银行是互补而非竞争关系，将弥补现有多边开发银行资金不足、业务覆盖范围不能满足区域进一步开发的现状。中国将推动亚投行与现有多边开发银行合作，相互补充，共同促进亚洲经济持续稳定发展。同时，中国也将一如既往地支持世界银行、亚洲开发银行等现有多边开发银行在国际发展议程中发挥重要的作用。

91. 丝路基金首单为何落户巴基斯坦?

巴基斯坦水电开发项目在较短时间内，从开始接触到取得实质性进展，并成为丝路基金的“首单”，主要是由于该项目与丝路基金的投资理念和原则高度契合。这种契合集中体现在以下几个方面：

（1）高度契合两国的发展战略，体现丝路基金互利共赢的投资理念。丝路基金定位为中长期的开发投资基金，重点是在“一带一路”发展进程中寻找投资机会并提供相应的投融资服务，以促进中国与相关国家的经贸合作以及互联互通。2013 年 5 月，中巴领导人达成了建设“中巴经济走廊”的重要共识，“中巴经济走廊”建设是“一带一路”建设的旗舰，是丝路基金寻求投融资机会的重要区域。电力行业是巴基斯坦政府未来十年发展规划中优先支持的投资领域。丝路基金与三峡集团合作，投资支持巴基斯坦电力开发，体现了中国与“一带一路”沿线国家和地区共同发展、共同繁荣的理念。

（2）国际组织和国内机构多方合作、优势互补，展示丝路基金开放包容的姿态。在该项目中，丝路基金和世界银行下属的国际金融公司同为三峡南亚公司股东，为项目提供资本金支持；同时又与中国进出口银行、国家开发银行、国际金融公司组成银团提供贷款资金。中方与相关各方进行了卓有成效的沟通和合作，有效发挥了丝路基金同时参与股权投资和债权投资的优势，并体现了丝路基金遵从国际金融秩序和市场规则以及开放包容、风险共担、收益共享的合作理念。

（3）项目有较好的风险管控措施，可实现中长期合理的投资回报。巴基斯坦政府承诺该项目的投资人在回收合理建设成本和运营成本的前提下获得较好的投资收益。同时，巴电力行业市场空间巨大，市场风险较低。三峡集团在巴有多年展业经验，对项目做了较充分的论证。此外，我们也充分考虑了各种风险因素并做了相应的安排。

92. 怎么用好400亿美元丝路基金?

设立丝路基金只是一个开始，真正运用金融杠杆撬动万亿丝路资金才是一项任重道远的工作，这就需要利用大金融思维，整合各项金融资源，以创新模式来运营丝路基金。

丝路基金主要投放于“一带一路”沿线国家的基础设施建设领域，而基础设施建设属于公共产品和准公共品范畴，虽然社会效益比较高，但经济效益往往偏低、投资回收期长。因此，要充分利用开发性金融特点，在国家信用基础上，通过积极财政政策，推动丝路基金建设。此外，在丝路基金的发展中，还可以考虑通过发行债券的形式补充资本金。实际上，丝路基金作为一个巨大的杠杆可以起到四两拨千斤的作用，后续通过发行债券、概念股、公募、保险、援助，甚至是信贷资产证券化等金融创新方式，来稳健运作丝路基金，可以让400亿美元基金发挥万亿美元甚至更大功效。

丝路基金在运作过程中还需防控好包括国别风险、地缘政治风险、经营风险、市场风险等各种类型的风险。而在风险控制的具体操作当中，可以考虑以特殊目的机构（SPV）等具体的运作方式，做好风险隔离，并吸引更多的国际金融机构，尤其是“一带一路”具体项目所在国的金融机构来参与运作和实施。

Q 93. 人民币国际化对“一带一路”战略实施的影响是怎样的？

“一带一路”由中国发端，通过基础设施建设加强沿线国家的经济合作与发展，建立贯通中亚、东南亚、南亚、西亚乃至欧洲部分区域的世界最长经济走廊，而人民币国际化在其中扮演着重要角色。

（1）人民币国际化为“一带一路”战略的开展提供前期准备。目前，中国已在新加坡、伦敦、首尔等9个地区设立了人民币离岸中心或人民币清算场所。中国人民银行已与26个境外央行或货币当局签署双边本币互换协议，总额度近2.9万亿元。同时，与人民币进行直接交易的货币达14种。在对外结算方面，跨境人民币结算金额至2014年第三季度底达到了4.8万亿元，人民币已超越欧元成为全球第二大贸易融资货币，并且跃居为世界第七大储备货币。更为重要的是，首只规模为30亿元的人民币主权债券于2014年10月经过英国政府发行，这是首只由西方国家发行的人民币主权债券，同时也是全球非中国发行的最大一笔人民币债券。日渐提升的人民币国际化为“一带一路”战略的实施提供了重要前提，有利于“一带一路”战略的顺利推进。

（2）人民币国际化保障“一带一路”战略的顺利实施。首先，人民币国际化保障中国资本输出。2014年7月，中国与巴西、俄罗斯、印度和南非共同发起设立了金砖国家开发银行；2014年10月，中国倡议，各意向创始成员国共同组建了亚洲基础设施投资银行，与此同时，丝路基金有限责任公司在北京注册成立。无论是金砖国家开发银行、亚洲基础设施投资银行，还是丝路基金，其共同目的就是通过向“一带一路”沿线国家的公路、铁路、通信管理、港口物流等基础设施建设提供信贷支持，实现人民币资本输出。其次，人民币国际化便利中国与“一带一路”沿线国家开展国际贸易。随着“一带一路”战略的实施，中国与沿线各国的双边贸易规模将呈现不断增长和扩大趋势，而人民币国际化意味着这些国际贸易都可以用人民币作为计价和结算货币，这样能够带来贸易效率的提升，便利双边贸易，从而进一步提升中国与相关国家的贸易规模。最后，人民币结算可规避大宗商品美元价格下跌的汇率风险。“一带一路”沿线国家多为资源出口国家，大宗商品出口在其出口中占较大比重，大宗商品市场供大于求的局面短期内难以突破，美元持续走强对商品价格更是雪上加霜。因此，绕开美元、日元、欧元等国际货币，使用人民币交易，可以使双方企业避免美元币值的波动所产生的汇率风险，规避全球货币分化引起的潜在风险。

第十章 愿景展望

Q 94. 为什么说“一带一路”是中国和沿线国家的共同愿望？

“一带一路”是对古丝绸之路精神的传承和发扬，其虽然由中国倡议并积极推进，但实质上是惠及各参与方的共商共营共建共享项目。无论是政策沟通、设施联通、贸易畅通、资金融通与民心相通等互联互通的具体机制化安排，还是实现方式、合作内容、阶段目标等，都需要各方共同商议、共同参与、共同营建、共同受益。人类和平、国家富强、人民幸福、社会稳定，既是中国梦的内在要求，也是各国人民的共同追求。“一带一路”建设成为中华民族伟大复兴的梦想与世界各国人民梦想交汇的产物。

95. 其他国家和国际组织是否可以参与“一带一路”建设?

“一带一路”建设不以标准排斥参与合作的经济体，不是封闭的，而是开放包容的，秉持的是共商、共建、共享原则，体现了开放包容、灵活务实的东方智慧，不是中国一家的独奏，而是沿线国家的合唱。任何一个相关经济体和国际组织如愿意参与，都不会遭到排斥。

96. 为什么“一带一路”建设是一个多元开放的合作进程?

“一带一路”沿线大多数是新兴经济体和发展中国家，中国是他们最大的贸易伙伴、出口市场和主要投资来源地，各国资源禀赋、社会制度、经济基础差异较大，甚至宗教文化也不尽相同。因此，在推进“一带一路”合作倡议过程中，要本着求同存异、兼容并蓄、和平共处、共生共荣的方针，积极开展多层次的沟通和协调，特别是注重扩大彼此利益的汇合点，要从战略高度进行统筹谋划，要充分考虑不同国家的发展水平和承受力，在同沿线国家的充分协商基础上开展合作。

Q 97. 中国如何对接沿线国家发展和区域合作规划？

“一带一路”战略的推进需要与沿线国家的战略与计划进行有效对接与耦合，实现沿线各国多元、自主、平衡、可持续的发展，尤其是推动与沿线国家和区域发展规划的互联互通，例如，蒙古国的“草原之路”愿景，印尼的海洋强国理念和建设“海上高速公路”计划，阿富汗的2015至2024年的十年规划以及东盟（“10＋3”）合作机制、孟中印缅经济走廊、“湄公河下游倡议”，等等。加强我国与各国、各区域合作发展规划的对接，互联互通规划的对接，将极大地促进双方发展的相互协同，有助于构建命运共同体愿景的落实。

Q 98. 如何加强沿线国家对“一带一路”的认同？

为使沿线国家对“一带一路”更认同、更亲近、更支持，应加大在国际上推介“一带一路”内涵、目标和任务等方面内容的力度，尤其是发挥主题论坛、研讨会、博览会等对增进理解、凝聚共识、深化合作上的重要作用。同时要特别突出“一带一路”战略如何能够使沿线国家民众受益，邀请沿线国家的普通民众来我国参观访问，增进民间交流尤其是青年学生交流和民众友谊，争取“一带一路”沿线国家开展合作的最大民意基础。

Q 99. 如何使“一带一路”建设取得实效，开花结果？

为使“一带一路”美好愿景从构想落到实处，从重点地区、重点国家、重点项目入手，推动产业和经贸合作，道路、货币、人文、交流相配合，最终实现物流、人流、资金流、信息流的自由流动与畅通，成为“一带一路”建设的新特色。从地区而言，中巴经济走廊、孟中印缅经济走廊、中蒙俄经济走廊和新亚欧大陆桥经济走廊都是区域合作的重中之重。从国家而言，在“一带一路”沿线国家中选择与我国关系比较好、政局稳定、资源优势比较突出的国家是主要的合作对象。从项目而言，“一带一路”沿线国家的基础设施年久失修，发展滞后，已经成为制约沿线国家发展的瓶颈所在。

100. 为什么说“一带一路”是一条互尊互信之路，一条合作共赢之路，一条文明互鉴之路？

“一带一路”提出的愿景与行动，不是权宜之计，更不是外交辞令，而是从历史、现实、未来的客观判断中得出的结论。这个结论就是相互了解、相互理解是促进国家关系发展的基础性工程。反之，相互怀疑和相互恐惧，是所有时代的战争温床、和平毒药。“一带一路”倡议所提出的世界不同文明的交流互鉴，是增进各国人民友谊的桥梁、推动人类社会进步的动力、维护世界和平的纽带。“一带一路”建设强调立足于各参与方优势互补，实现利益共享、共同发展，使所有参与建设的国家凝结成为利益共同体、发展共同体，乃至命运共同体。

参考文献

图　书

[美]米尔斯海默．大国政治的悲剧[M]．上海：上海人民出版社，2008.

期　刊

[1] 陈文玲．以长效机制推进“一带一路”建设[N]．光明日报，2014-04-15（16）.

[2] 江洋，王义桅．TTIP的经济与战略效应[J]．国际问题研究，2014（6）.

[3] 李后强，邓子强．弘扬丝绸之路精神[N/OL]．人民日报，2014-07-02（11：3）.

[4] 刘仰. “一带一路”战略规划需要考虑美国的角色[J]. 环球财经，2014（7）.

[5] 陆南泉. 中俄关系现状与前景[J]. 新疆师范大学学报：哲学社会科学版，2015（1）.

[6] 唐朱昌. 中国与未来欧亚联盟国家的经济合作定位 [J]. 社会科学，2014（5）.

[7] 王海运. 新形势下的中俄关系[J]. 俄罗斯学刊，2014（5）.

[8] 赵华胜. “丝绸之路经济带”的关注点及切入点[J]. 新疆师范大学学报：哲学社会科学版，2014（3）.

网　站

[1] 2014孔子学院年度发展报告[DB/OL]. 国家汉办/孔子学院总部网站（即孔子学院官网），2014-12-07. http://www.hanban.org/report/pdf/2014.pdf.

[2] 2014年国民经济和社会发展统计公报[DB/OL]. 中华人民共和国国家统计局，2015-02-26. http://www.stats.gov.cn/tjsj/zxfb/201502/t20150226_685799.html.

[3] 车玉明. 张高丽：扎实实施“一带一路”重大战略 努力打造全方位对外开放新格局[N/OL].新华网，2014-10-10. http://

news.xinhuanet.com/politics/2014-10/10/c_1112771270.htm.

[4] 郭业洲. 加强智库在“一带一路”建设中的积极作用[N/OL]. 中国网， 2015-04-17. http://opinion.china.com.cn/opinion_3_127403.html.

[5] 刘麦. 英国普罗派乐电视台董事局主席：加强与一带一路沿线国家媒体协作[N/OL]. 南海网，2015-03-26. http://www.hinews.cn/news/system/2015/03/26/017432465.shtml.

[6] 柳丝. 一带一路 共同命运[N/OL]. 新华网，2015-06-02. http://news.xinhuanet.com/ttgg/2015-06/02/c_1115489289.htm.

[7] 王丽颖. 土耳其痛苦摇摆亚欧间[N/OL]. 国际金融报，2015-04-06. http://paper.people.com.cn/gjjrb/html/2015-04/06/content_1550540.htm.

[8] 王义桅. 克服“一带一路”的认知风险[N/OL]. 北京日报，2015-04-17. http://bjrb.bjd.com.cn/html/2015-04/17/content_272470.htm.

[9] 吴鹏. 李稻葵：智库是推动可持续发展的重要力量[N/OL]. 华夏时报，2015-06-10. http://www.chinatimes.cc/hxsb/

comment/sheping/150610/1506102229-141450.html.

[10] 吴思科. “一带一路”——来自中东的声音[N/OL]. 观察者网，2015-04-09. http://www.guancha.cn/wusike/2015_04_09_315234.shtml.

[11] 习近平. 弘扬人民友谊 共创美好未来[R/OL]. 人民网-中国共产党新闻网，2013-09-08. http://cpc.people.com.cn/n/2013/0908/c64094-22843712.html.

[12] 习近平. 习近平在联合国教科文组织总部的演讲（全文）[R/OL]. 新华网，2014-03-28. http://news.xinhuanet.com/world/2014-03/28/c_119982831.htm.

[13] 习近平. 中国同中亚国家关系发展面临难得机遇[R/OL]. 人民网-中国共产党新闻网，2013-09-07. http://cpc.people.com.cn/n/2013/0907/c164113-22840643.html.

[14] 习近平. 中国愿同东盟国家共建21世纪“海上丝绸之路”[R/OL]. 新华网，2013-10-03. http://news.xinhuanet.com/world/2013-10/03/c_125482056.htm.

[15] 余晓洁，施雨岑. 中国打造新型智库体系　重点建设50至100个高端智库——一文读懂《关于加强中国特色新型智库建设的意见》[N/OL]. 中央政府门户网站，2015-01-20. http://

www.gov.cn/xinwen/2015-01/20/content_2807186.htm.

[16] 中共中央关于全面深化改革若干重大问题的决定[DB/OL]. 中国新闻网，2013-11-15. http://www.chinanews.com/gn/2013/11-15/5509767.shtml.

[17] 中国文化中心介绍[DB/OL]. 中国文化中心，2015-02-10. http://cn.cccweb.org/portal/pubinfo/001002011/20150210/0c793f933c364d4c90f8fffb54771d00.html.

附　录

《推动共建丝绸之路经济带和21世纪海上丝绸之路的愿景与行动》发布

经国务院授权，国家发展改革委、外交部、商务部3月28日联合发布了《推动共建丝绸之路经济带和21世纪海上丝绸之路的愿景与行动》。

愿景与行动分为8个部分：一、时代背景；二、共建原则；三、框架思路；四、合作重点；五、合作机制；六、中国各地方开放态势；七、中国积极行动；八、共创美好未来。

前 言

2000多年前，亚欧大陆上勤劳勇敢的人民，探索出多条连接亚欧非几大文明的贸易和人文交流通路，后人将其统称为"丝绸之路"。千百年来，"和平合作、开放包容、互学互鉴、互利共赢"的丝绸之路精神薪火相传，推进了人类文明进步，是促进沿线各国繁荣发展的重要纽带，是东西方交流合作的象征，是世界各国共有的历史文化遗产。

进入21世纪，在以和平、发展、合作、共赢为主题的新时代，面对复苏乏力的全球经济形势，纷繁复杂的国际和地区局面，传承和弘扬丝绸之路精神更显重要和珍贵。

2013年9月和10月，中国国家主席习近平在出访中亚和东南亚国家期间，先后提出共建“丝绸之路经济带”和“21世纪海上丝绸之路”（以下简称“一带一路”）的重大倡议，得到国际社会高度关注。中国国务院总理李克强参加2013年中国—东盟博览会时强调，铺就面向东盟的海上丝绸之路，打造带动腹地发展的战略支点。加快“一带一路”建设，有利于促进沿线各国经济繁荣与区域经济合作，加强不同文明交流互鉴，促进世界和平发展，是一项造福世界各国人民的伟大事业。

“一带一路”建设是一项系统工程，要坚持共商、共建、共享原则，积极推进沿线国家发展战略的相互对接。为推进实施“一带一路”重大倡议，让古丝绸之路焕发新的生机活力，以新的形式使亚欧非各国联系更加紧密，互利合作迈向新的历史高度，中国政府特制定并发布《推动共建丝绸之路经济带和21世纪海上丝绸之路的愿景与行动》。

一、时代背景

当今世界正发生复杂深刻的变化，国际金融危机深层次影响继续显现，世界经济缓慢复苏、发展分化，国际投资贸易格局和多边投资贸易规则酝酿深刻调整，各国面临的发展问题依然严峻。共建“一带一路”顺应世界多极化、经济全球化、文化多样化、社会信息化的潮流，秉持开放的区域合作精神，致力于维护全球自由贸易体系和开放型世界经济。共建“一带一路”旨在促进经济要素有序自由流动、资源高效配置和市场深度融合，推动沿线各国实现经济政策协调，开展更大范围、更高水平、更深层次的区域合作，共同打造开放、包容、均衡、普惠的区域经济合作架构。共建“一带一路”符合国际社会的根本利益，彰显人类社会共同理想和美好追求，是国际合作以及全球治理新模式的积极探索，将为世界和平发展增添新的正能量。

共建“一带一路”致力于亚欧非大陆及附近海洋的互联互通，建立和加强沿线各国互联互通伙伴关系，构建全方位、多层次、复合型的互联互通网络，实现沿线各国多元、自主、平衡、可持续的发展。“一带一路”的互联互通项目将推动沿线各国发展战略的对接与耦合，发掘区域内市场的潜力，促进投资和消费，创造需求和就业，增进沿线各国人民的人文交流与文明互鉴，让各国人民相逢相知、互信互敬，共享和谐、安宁、富裕的生活。

当前，中国经济和世界经济高度关联。中国将一以贯之地坚持对外开放的基本国策，构建全方位开放新格局，深度融入世界经济体系。推进“一带一路”建设既是中国扩大和深化对外开放的需要，也是加强和亚欧非及世界各国互利合作的需要，中国愿意在力所能及的范围内承担更多责任义务，为人类和平发展作出更大的贡献。

二、共建原则

恪守联合国宪章的宗旨和原则。遵守和平共处五项原则，即尊重各国主权和领土完整、互不侵犯、互不干涉内政、和平共处、平等互利。

坚持开放合作。“一带一路”相关的国家基于但不限于古代丝绸之路的范围，各国和国际、地区组织均可参与，让共建成果惠及更广泛的区域。

坚持和谐包容。倡导文明宽容，尊重各国发展道路和模式的选择，加强不同文明之间的对话，求同存异、兼容并蓄、和平共处、共生共荣。

坚持市场运作。遵循市场规律和国际通行规则，充分发挥市场在资源配置中的决定性作用和各类企业的主体作用，同时发挥好政府的作用。

坚持互利共赢。兼顾各方利益和关切，寻求利益契合点和合作最大公约数，体现各方智慧和创意，各施所长，各尽所能，把各方优势和潜力充分发挥出来。

三、框架思路

"一带一路"是促进共同发展、实现共同繁荣的合作共赢之路，是增进理解信任、加强全方位交流的和平友谊之路。中国政府倡议，秉持和平合作、开放包容、互学互鉴、互利共赢的理念，全方位推进务实合作，打造政治互信、经济融合、文化包容的利益共同体、命运共同体和责任共同体。

"一带一路"贯穿亚欧非大陆，一头是活跃的东亚经济圈，一头是发达的欧洲经济圈，中间广大腹地国家经济发展潜力巨大。丝绸之路经济带重点畅通中国经中亚、俄罗斯至欧洲（波罗的海）；中国经中亚、西亚至波斯湾、地中海；中国至东南亚、南亚、印度洋。21世纪海上丝绸之路重点方向是从中国沿海港口过南海到印度洋，延伸至欧洲；从中国沿海港口过南海到南太平洋。

根据“一带一路”走向，陆上依托国际大通道，以沿线中心城市为支撑，以重点经贸产业园区为合作平台，共同打造新亚欧大陆桥、中蒙俄、中国—中亚—西亚、中国—中南半岛等国际经济合作走廊；海上以重点港口为节点，共同建设通畅安全高效的运输大通道。中巴、孟中印缅两个经济走廊与推进“一带一路”建设关联紧密，要进一步推动合作，取得更大进展。

“一带一路”建设是沿线各国开放合作的宏大经济愿景，需各国携手努力，朝着互利互惠、共同安全的目标相向而行。努力实现区域基础设施更加完善，安全高效的陆海空通道网络基本形成，互联互通达到新水平；投资贸易便利化水平进一步提升，高标准自由贸易区网络基本形成，经济联系更加紧密，政治互信更加深入；人文交流更加广泛深入，不同文明互鉴共荣，各国人民相知相交、和平友好。

四、合作重点

沿线各国资源禀赋各异，经济互补性较强，彼此合作潜力和空间很大。以政策沟通、设施联通、贸易畅通、资金融通、民心相通为主要内容，重点在以下方面加强合作。

政策沟通。加强政策沟通是"一带一路"建设的重要保障。加强政府间合作，积极构建多层次政府间宏观政策沟通交流机制，深化利益融合，促进政治互信，达成合作新共识。沿线各国可以就经济发展战略和对策进行充分交流对接，共同制定推进区域合作的规划和措施，协商解决合作中的问题，共同为务实合作及大型项目实施提供政策支持。

设施联通。基础设施互联互通是"一带一路"建设的优先领域。在尊重相关国家主权和安全关切的基础上，沿线国家宜加强基础设施建设规划、技术标准体系的对接，共同推进国际骨干通道建设，逐步形成连接亚洲各次区域以及亚欧非之间的基础设施网络。强化基础设施绿色低碳化建设和运营管理，在建设中充分考虑气候变化影响。

抓住交通基础设施的关键通道、关键节点和重点工程，优先打通缺失路段，畅通瓶颈路段，配套完善道路安全防护设施和交通管理设施设备，提升道路通达水平。推进建立统一的全程运输协调机制，促进国际通关、换装、多式联运有机衔接，逐步形成兼容规范的运输规则，实现国际运输便利化。推动口岸基础设施建设，畅通陆水联运通道，推进港口合作建设，增加海上航线和班次，加强海上物流信息化合作。拓展建立民航全面合作的平台和机制，加快提升航空基础设施水平。

加强能源基础设施互联互通合作，共同维护输油、输气管道等运输通道安全，推进跨境电力与输电通道建设，积极开展区域电网升级改造合作。

共同推进跨境光缆等通信干线网络建设，提高国际通信互联互通水平，畅通信息丝绸之路。加快推进双边跨境光缆等建设，规划建设洲际海底光缆项目，完善空中（卫星）信息通道，扩大信息交流与合作。

贸易畅通。投资贸易合作是“一带一路”建设的重点内容。宜着力研究解决投资贸易便利化问题，消除投资和贸易壁垒，构建区域内和各国良好的营商环境，积极同沿线国家和地区共同商建自由贸易区，激发释放合作潜力，做大做好合作“蛋糕”。

沿线国家宜加强信息互换、监管互认、执法互助的海关合作，以及检验检疫、认证认可、标准计量、统计信息等方面的双多边合作，推动世界贸易组织《贸易便利化协定》生效和实施。改善边境口岸通关设施条件，加快边境口岸“单一窗口”建设，降低通关成本，提升通关能力。加强供应链安全与便利化合作，推进跨境监管程序协调，推动检验检疫证书国际互联网核查，开展“经认证的经营者”（AEO）互认。降低非关税壁垒，共同提高技术性贸易措施透明度，提高贸易自由化便利化水平。

拓宽贸易领域，优化贸易结构，挖掘贸易新增长点，促进贸易平衡。创新贸易方式，发展跨境电子商务等新的商业业态。建立健全服务贸易促进体系，巩固和扩大传统贸易，大力发展现代服务贸易。把投资和贸易有机结合起来，以投资带动贸易发展。

加快投资便利化进程，消除投资壁垒。加强双边投资保护协定、避免双重征税协定磋商，保护投资者的合法权益。

拓展相互投资领域，开展农林牧渔业、农机及农产品生产加工等领域深度合作，积极推进海水养殖、远洋渔业、水产品加工、海水淡化、海洋生物制药、海洋工程技术、环保产业和海上旅游等领域合作。加大煤炭、油气、金属矿产等传统能源资源勘探开发合作，积极推动水电、核电、风电、太阳能等清洁、可再生能源合作，推进能源资源就地就近加工转化合作，形成能源资源合作上下游一体化产业链。加强能源资源深加工技术、装备与工程服务合作。

推动新兴产业合作，按照优势互补、互利共赢的原则，促进沿线国家加强在新一代信息技术、生物、新能源、新材料等新兴产业领域的深入合作，推动建立创业投资合作机制。

优化产业链分工布局，推动上下游产业链和关联产业协同发展，鼓励建立研发、生产和营销体系，提升区域产业配套能力和综合竞争力。扩大服务业相互开放，推动区域服务业加快发展。探索投资合作新模式，鼓励合作建设境外经贸合作区、跨境经济合作区等各类产业园区，促进产业集群发展。在投资贸易中突出生态文明理念，加强生态环境、生物多样性和应对气候变化合作，共建绿色丝绸之路。

中国欢迎各国企业来华投资。鼓励本国企业参与沿线国家基础设施建设和产业投资。促进企业按属地化原则经营管理，积极帮助当地发展经济、增加就业、改善民生，主动承担社会责任，严格保护生物多样性和生态环境。

资金融通。资金融通是“一带一路”建设的重要支撑。

深化金融合作，推进亚洲货币稳定体系、投融资体系和信用体系建设。扩大沿线国家双边本币互换、结算的范围和规模。推动亚洲债券市场的开放和发展。共同推进亚洲基础设施投资银行、金砖国家开发银行筹建，有关各方就建立上海合作组织融资机构开展磋商。加快丝路基金组建运营。深化中国—东盟银行联合体、上合组织银行联合体务实合作，以银团贷款、银行授信等方式开展多边金融合作。支持沿线国家政府和信用等级较高的企业以及金融机构在中国境内发行人民币债券。符合条件的中国境内金融机构和企业可以在境外发行人民币债券和外币债券，鼓励在沿线国家使用所筹资金。

加强金融监管合作，推动签署双边监管合作谅解备忘录，逐步在区域内建立高效监管协调机制。完善风险应对和危机处置制度安排，构建区域性金融风险预警系统，形成应对跨境风险和危机处置的交流合作机制。加强征信管理部门、征信机构和评级机构之间的跨境交流与合作。充分发挥丝路基金以及各国主权基金作用，引导商业性股权投资基金和社会资金共同参与“一带一路”重点项目建设。

民心相通。民心相通是“一带一路”建设的社会根基。传承和弘扬丝绸之路友好合作精神，广泛开展文化交流、学术往来、人才交流合作、媒体合作、青年和妇女交往、志愿者服务等，为深化双多边合作奠定坚实的民意基础。

扩大相互间留学生规模，开展合作办学，中国每年向沿线国家提供1万个政府奖学金名额。沿线国家间互办文化年、艺术节、电影节、电视周和图书展等活动，合作开展广播影视剧精品创作及翻译，联合申请世界文化遗产，共同开展世界遗产的联合保护工作。深化沿线国家间人才交流合作。

加强旅游合作，扩大旅游规模，互办旅游推广周、宣传月等活动，联合打造具有丝绸之路特色的国际精品旅游线路和旅游产品，提高沿线各国游客签证便利化水平。推动21世纪海上丝绸之路邮轮旅游合作。积极开展体育交流活动，支持沿线国家申办重大国际体育赛事。

强化与周边国家在传染病疫情信息沟通、防治技术交流、专业人才培养等方面的合作，提高合作处理突发公共卫生事件的能力。为有关国家提供医疗援助和应急医疗救助，在妇幼健康、残疾人康复以及艾滋病、结核、疟疾等主要传染病领域开展务实合作，扩大在传统医药领域的合作。

加强科技合作，共建联合实验室（研究中心）、国际技术转移中心、海上合作中心，促进科技人员交流，合作开展重大科技攻关，共同提升科技创新能力。

整合现有资源，积极开拓和推进与沿线国家在青年就业、创业培训、职业技能开发、社会保障管理服务、公共行政管理等共同关心领域的务实合作。

充分发挥政党、议会交往的桥梁作用，加强沿线国家之间立法机构、主要党派和政治组织的友好往来。开展城市交流合作，欢迎沿线国家重要城市之间互结友好城市，以人文交流为重点，突出务实合作，形成更多鲜活的合作范例。欢迎沿线国家智库之间开展联合研究、合作举办论坛等。

加强沿线国家民间组织的交流合作，重点面向基层民众，广泛开展教育医疗、减贫开发、生物多样性和生态环保等各类公益慈善活动，促进沿线贫困地区生产生活条件改善。加强文化传媒的国际交流合作，积极利用网络平台，运用新媒体工具，塑造和谐友好的文化生态和舆论环境。

五、合作机制

当前，世界经济融合加速发展，区域合作方兴未艾。积极利用现有双多边合作机制，推动“一带一路”建设，促进区域合作蓬勃发展。

加强双边合作，开展多层次、多渠道沟通磋商，推动双边关系全面发展。推动签署合作备忘录或合作规划，建设一批双边合作示范。建立完善双边联合工作机制，研究推进“一带一路”建设的实施方案、行动路线图。充分发挥现有联委会、混委会、协委会、指导委员会、管理委员会等双边机制作用，协调推动合作项目实施。

强化多边合作机制作用，发挥上海合作组织（SCO）、中国—东盟（“10+1”）、亚太经合组织（APEC）、亚欧会议（ASEM）、亚洲合作对话（ACD）、亚信会议（CICA）、中阿合作论坛、中国—海合会战略对话、大湄公河次区域（GMS）经济合作、中亚区域经济合作（CAREC）等现有多边合作机制作用，相关国家加强沟通，让更多国家和地区参与“一带一路”建设。

继续发挥沿线各国区域、次区域相关国际论坛、展会以及博鳌亚洲论坛、中国—东盟博览会、中国—亚欧博览会、欧亚经济论坛、中国国际投资贸易洽谈会，以及中国—南亚博览会、中国—阿拉伯博览会、中国西部国际博览会、中国—俄罗斯博览会、前海合作论坛等平台的建设性作用。支持沿线国家地方、民间挖掘“一带一路”历史文化遗产，联合举办专项投资、贸易、文化交流活动，办好丝绸之路（敦煌）国际文化博览会、丝绸之路国际电影节和图书展。倡议建立“一带一路”国际高峰论坛。

六、中国各地方开放态势

推进“一带一路”建设，中国将充分发挥国内各地区比较优势，实行更加积极主动的开放战略，加强东中西互动合作，全面提升开放型经济水平。

西北、东北地区。发挥新疆独特的区位优势和向西开放重要窗口作用，深化与中亚、南亚、西亚等国家交流合作，形成丝绸之路经济带上重要的交通枢纽、商贸物流和文化科教中心，打造丝绸之路经济带核心区。发挥陕西、甘肃综合经济文化和宁夏、青海民族人文优势，打造西安内陆型改革开放新高地，加快兰州、西宁开发开放，推进宁夏内陆开放型经济试验区建设，形成面向中亚、南亚、西亚国家的通道、商贸物流枢纽、重要产业和人文交流基地。发挥内蒙古联通俄蒙的区位优势，完善黑龙江对俄铁路通道和区域铁路网，以及黑龙江、吉林、辽宁与俄远东地区陆海联运合作，推进构建北京—莫斯科欧亚高速运输走廊，建设向北开放的重要窗口。

西南地区。发挥广西与东盟国家陆海相邻的独特优势，加快北部湾经济区和珠江—西江经济带开放发展，构建面向东盟区域的国际通道，打造西南、中南地区开放发展新的战略支点，形成21世纪海上丝绸之路与丝绸之路经济带有机衔接的重要门户。发挥云南区位优势，推进与周边国家的国际运输通道建设，打造大湄公河次区域经济合作新高地，建设成为面向南亚、东南亚的辐射中心。推进西藏与尼泊尔等国家边境贸易和旅游文化合作。

沿海和港澳台地区。利用长三角、珠三角、海峡西岸、环渤海等经济区开放程度高、经济实力强、辐射带动作用大的优势，加快推进中国（上海）自由贸易试验区建设，支持福建建设21世纪海上丝绸之路核心区。充分发挥深圳前海、广州南沙、珠海横琴、福建平潭等开放合作区作用，深化与港澳台合作，打造粤港澳大湾区。推进浙江海洋经济发展示范区、福建海峡蓝色经济试验区和舟山群岛新区建设，加大海南国际旅游岛开发开放力度。加强上海、天津、宁波—舟山、广州、深圳、湛江、汕头、青岛、烟台、大连、福州、厦门、泉州、海口、三亚等沿海城市港口建设，强化上海、广州等国际枢纽机场功能。以扩大开放倒逼深层次改革，创新开放型经济体制机制，加大科技创新力度，形成参与和引领国际合作竞争新优势，成为“一带一路”特别是21世纪海上丝绸之路建设的排头兵和主力军。发挥海外侨胞以及香港、澳门特别行政区独特优势作用，积极参与和助力“一带一路”建设。为台湾地区参与“一带一路”建设作出妥善安排。

内陆地区。利用内陆纵深广阔、人力资源丰富、产业基础较好优势，依托长江中游城市群、成渝城市群、中原城市群、呼包鄂榆城市群、哈长城市群等重点区域，推动区域互动合作和产业集聚发展，打造重庆西部开发开放重要支撑和成都、郑州、武汉、长沙、南昌、合肥等内陆开放型经济高地。加快推动长江中上游地区和俄罗斯伏尔加河沿岸联邦区的合作。建立中欧通道铁路运输、口岸通关协调机制，打造“中欧班列”品牌，建设沟通境内外、连接东中西的运输通道。支持郑州、西安等内陆城市建设航空港、国际陆港，加强内陆口岸与沿海、沿边口岸通关合作，开展跨境贸易电子商务服务试点。优化海关特殊监管区域布局，创新加工贸易模式，深化与沿线国家的产业合作。

七、中国积极行动

一年多来，中国政府积极推动“一带一路”建设，加强与沿线国家的沟通磋商，推动与沿线国家的务实合作，实施了一系列政策措施，努力收获早期成果。

高层引领推动。习近平主席、李克强总理等国家领导人先后出访20多个国家，出席加强互联互通伙伴关系对话会、中阿合作论坛第六届部长级会议，就双边关系和地区发展问题，多次与有关国家元首和政府首脑进行会晤，深入阐释“一带一路”的深刻内涵和积极意义，就共建“一带一路”达成广泛共识。

签署合作框架。与部分国家签署了共建“一带一路”合作备忘录，与一些毗邻国家签署了地区合作和边境合作的备忘录以及经贸合作中长期发展规划。研究编制与一些毗邻国家的地区合作规划纲要。

推动项目建设。加强与沿线有关国家的沟通磋商，在基础设施互联互通、产业投资、资源开发、经贸合作、金融合作、人文交流、生态保护、海上合作等领域，推进了一批条件成熟的重点合作项目。

完善政策措施。中国政府统筹国内各种资源，强化政策支持。推动亚洲基础设施投资银行筹建，发起设立丝路基金，强化中国—欧亚经济合作基金投资功能。推动银行卡清算机构开展跨境清算业务和支付机构开展跨境支付业务。积极推进投资贸易便利化，推进区域通关一体化改革。

发挥平台作用。各地成功举办了一系列以“一带一路”为主题的国际峰会、论坛、研讨会、博览会，对增进理解、凝聚共识、深化合作发挥了重要作用。

八、共创美好未来

共建“一带一路”是中国的倡议，也是中国与沿线国家的共同愿望。站在新的起点上，中国愿与沿线国家一道，以共建“一带一路”为契机，平等协商，兼顾各方利益，反映各方诉求，携手推动更大范围、更高水平、更深层次的大开放、大交流、大融合。“一带一路”建设是开放的、包容的，欢迎世界各国和国际、地区组织积极参与。

共建“一带一路”的途径是以目标协调、政策沟通为主，不刻意追求一致性，可高度灵活，富有弹性，是多元开放的合作进程。中国愿与沿线国家一道，不断充实完善“一带一路”的合作内容和方式，共同制定时间表、路线图，积极对接沿线国家发展和区域合作规划。

中国愿与沿线国家一道，在既有双多边和区域次区域合作机制框架下，通过合作研究、论坛展会、人员培训、交流访问等多种形式，促进沿线国家对共建“一带一路”内涵、目标、任务等方面的进一步理解和认同。

中国愿与沿线国家一道，稳步推进示范项目建设，共同确定一批能够照顾双多边利益的项目，对各方认可、条件成熟的项目抓紧启动实施，争取早日开花结果。

“一带一路”是一条互尊互信之路，一条合作共赢之路，一条文明互鉴之路。只要沿线各国和衷共济、相向而行，就一定能够谱写建设丝绸之路经济带和21世纪海上丝绸之路的新篇章，让沿线各国人民共享“一带一路”共建成果。

后 记

2013年习近平主席统筹国际国内两个大局，提出“一带一路”战略构想，这是一项极具综合性、系统性的重大课题，涵盖几十亿人口、惠及众多国家和地区，紧密连接“中国梦”与“世界梦”，筑牢“利益共同体”和“命运共同体”。2015年3月，经国务院授权，《推动共建丝绸之路经济带和21世纪海上丝绸之路的愿景与行动》(以下简称《愿景与行动》)正式发布，“一带一路”战略构想加大马力启动。在务实推进“一带一路”建设过程中，做好“一带一路”的宣传和引导工作，事关普通群众对“一带一路”的深入理解和认识，事关个人和各行各业对“一带一路”发展机遇的把握，事关中国声音在世界的有效传递和对国际舆论及时的解惑释疑，事关民族伟大复兴历史目标的实现。

浙江大学“一带一路”合作与发展协同创新中心（以下简称“协同创新中心”）致力于打造一流的“一带一路”重大理论和现实问题研究高端智库，在坚持“一带一路”战略层面研究的同时，紧密联系“一带一路”建设中群众的现实需求，做好理论联系实际的知识普及工作。《“一带一路”读本》与《“一带一路”一百问》是协同创新中心承编的第一套科普性读物，旨在为关注“一带一路”的普通群众以及海内外华人华侨和国际友人深入浅出地解读“一带一路”战略内涵，助其进一步了解和把握“一带一路”的相关内容和知识，在“一带一路”的宣介和引导工作中发挥积极作用，以“一带一路”为筑梦梁桥向世界传递中国和平崛起的发展理念。

《“一带一路”一百问》由主编秦玉才、周谷平、罗卫东策划、统稿，提出基本构思、章节架构，经编写组讨论后分头写作。各章负责人分别如下。引言：董雪兵、池若楠；第一章战略构想：董雪兵、朱西湖；第二章历史回顾：刘进宝；第三章大国角逐：黄先海、程心怡；第四章时代背景：杨高举、俞盼；第五章框架思路：陈健；第六章合作领域：陈航宇、曾旭达、马庆凯、吴宗杰；第七章机制平台：马庆凯、吴宗杰、陈锋；第八章各地优势：赖普清；第九章合作成效：胡铭、赵骏；第十章愿景展望：阚阅。各章完成初稿后，由秦玉才、周谷平、罗卫东负责全书审阅，提出详细修改意见，并会同各章作者共同讨论修改完善，直至终校定稿。陈奕洁、高淑琴老师协助参与部分写作工作。

本书即将付梓，特别感谢国家有关部门一直以来对我们的支持与帮助。他们对本书提出了许多宝贵的意见和建议，极大地提升了书稿质量。感谢浙江大学出版社副社长黄宝忠等领导对本书的重视和支持，感谢编辑包灵灵为本书付出的辛勤劳动，也对所有为本书提供数据资料以及调研材料、相关研究成果的政府部门、科研院所表示衷心感谢。

“一带一路”是一项艰巨而复杂的系统工程，其涵盖地域范围和经济规模之大、内外部经济社会关系之复杂首屈一指。当前，国内外关于“一带一路”的研究可以说是起步不久，整体研究基础较为薄弱。因此尽管本书各位作者竭尽所能，在主观上以最大努力确保内容的权威性、全局性和可读性，但是，由于知识素养和学术水平的局限，本书一定会存在种种不妥之处，错误也在所难免。我们真诚地希望并欢迎读者及学界同仁不吝赐教！

浙江大学“一带一路”合作与发展协同创新中心

2015年7月31日

图书在版编目（CIP）数据

“一带一路”一百问 / 秦玉才，周谷平，罗卫东主编. — 杭州 ：浙江大学出版社，2015.10
ISBN 978-7-308-15033-0

Ⅰ. ①一… Ⅱ. ①秦… ②周… ③罗… Ⅲ. ①区域经济合作—国际合作—中国—问题解答 Ⅳ. ①F125.5-44

中国版本图书馆CIP数据核字(2015)第186735号

“一带一路”一百问

秦玉才　周谷平　罗卫东　主编

出 品 人　鲁东明
策　　划　罗卫东　黄宝忠
责任编辑　包灵灵　张　琛
责任校对　蔡圆圆
封面设计　杭州林智广告有限公司
出版发行　浙江大学出版社
（杭州天目山路148号　邮政编码：310007）
（网址：http://www.zjupress.com）
排　　版　杭州林智广告有限公司
印　　刷　浙江印刷集团有限公司
开　　本　880mm×1230mm　1/32
印　　张　7.25
字　　数　120千
版 印 次　2015年10月第1版　2015年10月第1次印刷
书　　号　ISBN 978-7-308-15033-0
定　　价　25.00元

浙江大学出版社发行部联系方式：(0571) 88925591；http://zjdxcbs.tmall.com